本书系澳门理工学院项目资助成果

澳门特区政府改革与社团治理

鄞益奋 著

MACAO SAR GOVERNMENGT REFORM AND CORPORATE GOVERNANCE

SSAP
社会科学文献出版社
SOCIAL SCIENCES ACADEMIC PRESS (CHINA)

序 言

公共管理的研究需要理论和实践相互结合。鄞益奋博士的《澳门特区政府改革与社团治理》从澳门的实践出发，阐述了公共管理中政府管理和社会组织治理的实际情况，从实践层面回应了我在若干年前所阐释的公共管理理论思考，特别是关于主配角论、互动论和阶段论的思考。

一是主配角论。公共管理是由政府、非政府公共组织和民众所组成的管理体系，共同管理社会公共事务的活动。公共管理的主体不仅有政府，而且还包括社会中那些追求为公共利益服务的非政府公共组织和民众。公共管理的主角是政府，配角是非政府公共组织和民众。只有主角和配角各自都扮演起自己的角色，各就其位、各尽所能，才能真正建构起良好的公共管理体系，最终实现社会善治。主配角论的中心论点是，公共管理需要包括政府在内的多元主体，但多元主体的地位又是有差别的。政府是公共管理的核心主体和主角，政府管理的成效相当大程度上决定了公共管理的成效；与此同时，非政府公共组织和民众作为配角的作用也不可小觑，他们不仅可以弥补政府管理的不足，还可以在一定范围内独当一面地管理社会公共事务。

澳门特区政府管理和社团治理的经验告诉我们，在澳门公共管理的实践中，特区政府是最为重要和核心的主体和主角，回归以来澳门特区政府诸多改革政府的措施和行动，是澳门公共管理实践中最受人关注的部分，其内在和根本的原因就在于政府的主角与核心的作用。政府管理改革不仅集中于政府内部管理的改革，也涉及公众咨询及民众作用的改革。而社团是政府之外的另外一个重要的公共管理主体，社团在提供社会服务方面的卓越贡献成为澳门公共管理中一道亮丽的风景线，体现了公共管理社会化中“社会的共同事务应由社会自身来做”的内在要求。

二是互动论。在公共管理主体突破政府的单一维度而外扩到多元化主体之后，仅仅满足于对公共管理主体多元化的认知是远远不够的。对公共管理主体的研究，进一步要考虑的还有三个问题：政府、非政府公共组织、民众这三类主体在公共管理中各自发挥什么作用？这三者之间在公共管理中构成什么样的互动关系？这三者所担当的角色及组成关系是如何处于动态变化之中？我们不能从“政府中心论”出发看待公共管理变革，而是要从政府与非政府公共组织、政府与公民的互动角度进行探索。

澳门的社团治理，牵涉与澳门特区政府千丝万缕的互动关系。鄞益奋博士在讨论澳门社团治理的各章节中，无论是探讨澳门的社团治理体制，还是讨论澳门的组织文化、人力资源状况及社会服务模式，都蕴含着社会和政府互动关系的内容。在某种意义上讲，澳门社团能发挥良好的治理绩效，不仅是历史传统、地区文化等方面的原因，另一重要的原因是澳门社团形成了与政府良性互动的关系。正是由于政府和社团的良好互动关系，社团才能更有资源和能力来帮助政府提供社会服务，社团才能发挥好“一方面帮助政府，一方面监督政府”的双重作用，从而形成澳门特色的社团治理模式。

三是阶段论。从主体间关系以及各主体所承担的角色（作用），可以把公共管理发展分为以政府为本位、民众和非政府公共组织依附于政府的政府管理模式，和以社会为本位，政府、民众和非政府公共组织平等合作的社会治理模式等多个阶段。用形象的语言表述，政府管理模式中政府和社会的关系是“父子关系”，社会治理模式中政府和社会的关系则是“兄弟关系”。

政府管理模式又可以分为政府管理的集权化模式、民主化模式、社会化模式三个发展阶段。第一个阶段是政府管理的集权化模式。公共管理完全依赖于政府，国家对社会全面干预，社会湮没于全能主义的政府之中。第二个阶段是政府管理的民主化模式。政府开始意识到，政府管理的目的在于解决民众共同关注的社会问题，公众的满意度是评判政府管理的最终准则；政府吸纳民众参与对公共事务的管理，关注公众的反馈，调动公众对社会公共事务管理的积极性。第三个阶段是政府管理的社会化模式。政府再也无法独自承担对社会的管理职能，因为政府能力已经不能胜任日趋复杂的社会公共事务的需要。政府要求社会各方参与到公共事务的管理中来，主动地向非政府公共组织、民众分权，形成制度化的分工协作关系。

社会治理则可区分为自主化模式、多中心模式两个发展模式。第一个模式是社会治理的自主化模式，非政府公共组织和公民对政府本位提出挑战，要求政府真正还权于社会，其自主性不断增强，组织化程度不断提高，自治能力不断提升。民众和非政府公共组织逐步摆脱对政府的依附，成为社会公共事务管理中完全独立的主体。第二个模式是社会治理的“社会治理多中心”模式，完全实现了对政府管理的超越，非政府公共组织和公民成为独立的公共管理主体，与政府共同构成了多中心网络式社会治理结构。

依照以上的模式和阶段的划分，通过鄞益奋博士《澳门特区政府改革与社团治理》一书的介绍，可以看出，澳门的公共管理模式是还没有进入社会治理的多中心模式的阶段，基本上处于政府管理的社会化模式和社会治理的自主化模式的阶段中间。这说明未来澳门特区政府改革和社会治理的共同努力方向，是要进一步增强非政府公共组织的自主性，并促使民众更好地发挥在公众咨询中的作用。

本书不仅是对公共管理理论的实践验证，也是了解回归后澳门公共管理和公共治理状况重要的参考书。长期以来，澳门被称为社团社会，这种社团社会的体制、文化背景是什么，其资源如何，其社会服务发挥的成效如何，对许多人来说是一个未知的领域，本书对这些社团治理的领域进行了探索和求知。此外，澳门特区政府在回归以来的管治能力一直深受关注，特区政府如何因应管治能力提升而展开改革，本书也为我们进行了学理上的梳理和分析。

总而言之，本书对澳门特区公共管理的两大体系即政府管理改革及社团治理进行了较为系统的梳理和深入的分析，为我们了解澳门特区政府的行政改革和社团治理提供了一个良好的观察视角。我相信，本书的出版对于有志于了解和研究澳门公共行政和公共治理的读者来说，定会有所裨益。

北京大学政府管理学院教授

陈庆云

目　录

表目录

图目录

第1章　绪论

1.1　研究源起

自从“公共管理”在我国学界引入之后，关于公共管理内涵的各种见解便陆续登场，围绕着公共行政与公共管理、公共管理与新公共管理运动等问题，学者们各自阐明了对公共管理的理解。在这当中，基本上可以总结出两种不同的界定公共管理的趋向，一种认为公共管理是政府管理的一种改革运动；一种认为公共管理是包括政府管理在内的、以政府管理为核心的开放式管理体系。

第一种观点主要是从西方的新公共管理运动的角度对公共管理进行探讨，其话语语境中更多的是把公共管理指向一种行政改革运动，即把公共管理看成一种以企业管理模式改造传统政府管理模式的改革政府运动，公共管理的目的在于提高政府管理的效率，提高公众对政府的认同感和满意度。在西方学者的话语体系中，更多的是把公共管理当成政府管理的改革运动。当前，西方学术界已经在公共管理学的研究途径、学科内容等方面达成一定的共识，初步形成了以公共政策途径和企业管理途径为基础，以政治管理、资源管理和方案管理为主要内容的学科整合局面。①

① 参见吴琼恩、李允杰、陈铭熏《公共管理》，空中大学，2000，第20～22页。

但迄今为止，西方学者对于公共管理的前景、公共管理是否成为一种研究范式、公共管理是否会昙花一现等问题仍然存在着重重困惑，充满了各种各样的争论。然而，有一点是肯定的，西方学界公共管理的研究是嵌入和涵盖在政府管理的研究体系之中的，改进政府管理是公共管理的出发点和终结点，“一般而言，公共管理的主要目的在帮助公共管理者探究如何贯彻政策的执行与顺利完成机关内部的事务”。[①]

第二种观点则是在公共管理的中国化努力中所表现出来的一种学术旨趣，它趋向于把公共管理看成一个多主体对公共事务进行管理的，以公共利益为导向和目标的管理工程。“公共管理是对公共事务进行管理的社会活动。具体说来，是公共管理主体为了解决公共问题，实现公共利益，运用公共权力对公共事务施加管理的社会活动。”[②]

可见，关于公共管理，事实上存在着两种不同的见解，一种是西方语境中的公共管理，另一种则是本土化研究语境中的公共管理。笔者更多的是对后一种语境中的公共管理进行探讨，也就是说，公共管理是一个以政府为主导的，多主体共存的管理体系。“公共管理是政府与非政府公共组织，在运用所拥有的公共权力，处理社会公共事务的过程中，在维护、增进与分配公共利益，以及向民众提供所需的公共产品（服务）所进行的管理活动”[③]；“公共管理是指政府及其他公共机构，为了适应社会经济的发展和满足公众的利益需求，对涉及公众利益的各种社会事务

① 吴琼恩、李允杰、陈铭熏：《公共管理》，空中大学，2000，第23页。

② 王乐夫：《论公共管理的社会性内涵及其他》，《政治学研究》2001年第3期，第78页。

③ 陈庆云：《强化公共管理理念推进公共管理的社会化》，《中国行政管理》2001年第12期，第21页。

所实施的有效管理。"[①] 其中，主体多元化是一个公共管理最主要的特征。

主体的多元化也可以从公共政策的相关阐释中得到进一步的验证。当代公共政策理论认为，公共政策是关于利益的权威性分配，公共政策过程是公共权力机关对社会公共利益进行选择、综合、分配和落实的政治过程。在公共政策制定的过程中，各种政策主体发挥着不同的作用，形成了复杂的关系。"公共政策是政府的政策，是政府制定的行为准则，这些准则体现了政府的政治行为，是政府活动的产物。"[②] 也就是说，公共政策是政府的政策，是政府活动的产物。然而，这并不表明政府是公共政策唯一的行动者，政府是唯一的政策主体。事实上，公共政策并不以政府作为单一行动者的政策，而是包括政府在内的多个行动者互动的结果。在公共政策过程中，非政府的行动者可以广泛地参与到公共政策过程当中，其影响力不能视而不见。即使是政府内部本身，也存在着各级政府和各个部门之间的分化。因此，政策主体是多元的、分化的，并非铁板一块。

与公共管理主体多元化趋势相对应的，是公共管理主体的异质化趋势。公共管理主体的异质化强调的是，公共管理是一个以政府为核心，非政府组织（以下简称 NGO）嵌入的兼容并包的"异质"体系。随着 NGO 对公共事务的参与，丰富了公共管理主体的内涵，弥补政府行动的缺陷，NGO 成为公共管理主体不可分离的一部分。

公共管理主体的异质化体现了公共管理学对传统公共行政学的超越。在传统的公共行政学看来，国家和政府是公共事务管理

① 汪玉凯：《公共管理基础问题研究》，《中国行政管理》2001 年第 11 期，第 19 页。
② 陈庆云：《公共政策的理论界定》，《中国行政管理》1995 年第 11 期，第 29 页。

的唯一主体。而公共管理学则把主体外扩到既包括国家，也包括为数众多的NGO组织，甚至是从事公共事务服务的私人企业。公共管理的这种思维，事实上是换一种角度来设定公共管理主体的资格。不同于传统的公共行政学，公共管理学不再以政府和非政府的属性作为主体资格的设定标准，而是把眼光瞄向公共事务和公共利益之上，认为只要是从事公共事务，为公共利益服务的实体，不管其性质如何，就享有公共管理主体的资格。

因此，由于公共管理主体的外延，公共管理主体的性质也随之变得多元化和异质化。在公共管理的视角下，国家和政府不再是公共管理的唯一主体，国家和政府之外的行动者也可能充当起公共管理主体的角色。在主体的外延扩大之后，多元而异质的主体如何相容和共处，是潜在的更为深层的问题。也就是说，主体多元性仅是理解公共管理的一个维度，主体间关系是公共管理研究更为深层的考察视角。“从管理主体多元性分析，仅是公共管理研究的一个维度。比如，我们说到公共管理主体大致有三类：政府、非政府公共组织与民众。但这是远远不够的，进一步要考虑的还有三个问题：这三者在公共管理中各自承担什么角色、发挥什么作用？这三者之间在公共管理中构成什么样的互动关系？这三者所担当的角色及组成关系是否是处于动态变化之中？”[①] 可见，主体间关系，是公共管理研究的另外一个重要维度。而且，由于主体多元化和异质化，主体间关系是非常复杂的。

首先，由于公共管理主体进入的“放松管制”，原来的公共权力体系纳入了社会权力的新元素，导致了公私界限的模糊化，带来了公共管理主体的异质性。在异质化的公共管理体系中，公

① 陈庆云、鄞益奋、曾军荣、刘小康：《公共管理理论研究：概念模式与视角》，《中国行政管理》2005年第3期，第16页。

共权力不再是铁板一块的国家权力和政治权力体系，而是由原有的单一的国家权力体系转变成国家权力与社会权力共存的复杂权力体系。这意味着，公共权力体系既包括强制性的国家权力，也包含非强制性的社会权力。从这个角度看，主体间关系的研究既涉及政治学的知识，也涉及社会学研究的知识。

其次，主体间关系可以细分成主体间的权力关系、利益关系、责任关系等研究范畴，也可以分化成静态的、成文法规定的主体间关系与动态的、运行的主体间关系等研究视角。并且，各种研究范畴和研究视角又可以有不同的组合，从而使主体间关系研究内容体系非常庞杂。

再次，在异质的公共管理主体体系中，政府管理始终占领着核心的体系。“现代公共管理就是要追求一种开放的思维模式，力求动员一切可以调动和利用的力量，建立起一套以政府管理为核心的，以多元互动为特征的，以公民社会为背景和基础的管理体系。”① 可见，政府管理始终处于公共管理的中心位置。如何提高政府管理的效率，如何界定政府的职能和角色，是公共管理理论的核心关怀，诸如委托代理理论、交易成本理论、公共选择理论等政府管理的理论，也是公共管理理论的重要基础。如何在理论和实践层面恰当处理政府管理与公共管理的关系，也是亟待进一步理清的问题。

总之，公共管理是一个以政府以核心，多元主体共同参与的开放的管理体系，主体的多元化和异质化是公共管理的重要特征之一。当中，政府和社团是最为核心和主要的公共管理主体，政府管理的变革和社团治理的变革，也就成为了解和分析一个国家

① 王乐夫：《论公共行政与公共管理的区别与互动》，《管理世界》2002年第12期，第50页。

和地区公共管理、公共治理和社会治理的首要任务。基于澳门特区“社团社会”的特性，本书对回归后澳门的政府改革和社团治理进行了梳理和分析，以更好理解多元主体参与公共管理的公共治理格局。

回归以来，澳门经济社会产生了巨大的变迁，政府公共行政改革的发展步伐相对而言滞后于经济社会的发展。如何更好地深化特区政府的行政改革，推动特区政府政策制定科学化和民主化的程度，提升特区政府的管治能力，是澳门特区政府面临的重大课题。本书致力于探讨澳门特区政府在政策制定过程和执行过程中存在的各种问题，对澳门特区政府推出的各项行政改革进行梳理，分析澳门特区政府在政府管理和社团治理存在的各种问题，提出完善澳门特区政府管理和社团治理的政策建议。

1.2 基本理论主张

政府改革的基本理论主要包括政府改革的体系论、政府改革的核心内容、政府改革的基本目标；社团治理的基本理论则主要梳理了政府与社团关系的三种主要模式，即多元主义模式、法团主义模式和政策网络模式。在此笔者对这些理论做概要性的总结和梳理。

1.2.1 政府改革的基本理论

一般而言，政府改革是每个国家顺利发展的动力，特别是在激烈竞争的当代社会，行政体制改革和政府改革会影响到一个国家经济的运行和社会秩序。因此，无论是西方发达国家，还是发展中国家，政府改革都被视为国家改革的重要内容。

首先，政府改革是一个有层次结构的体系。政府系统论专家李习彬教授曾经指出，政府管理创新是一个复杂的体系，它事实存在着七个不同的层次。这七个层次由高到低分别是假设基础、管理哲学、政治体制、行政体制、组织结构、运行机制及管理手段等七个层次的创新和改革。[①] 根据李习彬教授的观点，这七个不同层次之间相互牵连，它们之间存在着由高到低的制约关系和由低到高的促进关系。也就是说，低层次改革促动高层次的改革，而如果高层次改革没有开展，低层次的改革便无法得到进一步的发展。依照这个框架，低层次的改革到了一定阶段时，就应该考虑深层次的改革了。只有明确了深层次的改革目标，政府的改革才能做到有的放矢，行政改革才能富有方向感和使命感。政府改革的问题往往就在于，行政改革止步于低层次的管理手段改革、运行机制改革和组织结构改革，高层次的体制改革和理念改革基本上是缺位的。由于政府管理改革的几个层次之间存在着由高到底的制约关系，高层次改革的缺位必定制约低层次的改革层次，最终影响整个行政改革的进程。因此，从系统论的角度看，完善政府改革和行政改革的关键，就是要找出政府管理中管理理念和管理体制的问题，确立改革的战略目标和长远目标，推动高层次、深层次的行政改革。

其次，政府改革和行政改革的核心内容主要是围绕着机构、人员和职能三个方面来展开的。政府改革的内容非常庞杂，涵盖政府与市场关系、政府与社会关系以及政府机构内部的改革。其中，政府机构内部的改革是政府改革的重点，机构、人员和职能三个方面的改革更是政府改革的核心内容。从中国内地行政改革的经验看，定职能、定机构、定人员编制的“三定”方案就是中

① 李习彬：《中国政府管理创新体系研究》，《国家行政学院学报》2002年第6期，第28页。

国行政改革的核心内容。事实上，作为中国行政改革目标的“小政府、大社会模式”的基本内涵也是围绕着“机构、人员和职能”三个方面，“小政府、大社会模式是具有特定内涵和条件的治理模式，就内涵而言，其小，表明的是机构相称、人员精干、权责到位；其大，表明的是价值群体自组织能力强，群体间合作有序，社会和谐”。[①] 中国行政改革的侧重点在于政府层面的改革，对于社会层面的社会组织培育、政企分开等层面虽然也涉及，但行政改革的着眼点和着重点还是聚焦于机构人员精简、机构整合（大部制改革）以及省管县来展开的。

再次，政府改革的基本目标之一是完善官僚制，建立专业型政府和功绩制政府，即建立和完善以功绩主义为宗旨的官僚制，实现逐步减少人情文化的功绩政府。现代官僚制的核心魅力和价值就在于，官僚制下的政府是一个能力导向、专业导向的政府。今天的官僚制政府虽然饱受各种批评和斥责，但官僚制依然是多数国家政府的主导形态，其重要原因之一就是官僚制最起码提供了政府的能力性和专业性的基础：官僚制对事不对人、重视能力不重视身份的制度设计，为专业型政府提供了一个确实的保障。西方国家功绩制的主要内容包括竞争性考试、相对稳定的任期以及政治中立的原则。功绩制主要的特征包括：基于才干而不是上级恩赐的录用制、基于才干和业绩的内部晋升制度、以工作实绩与贡献大小作为决定公务员享受待遇条件的衡量标准。这些都可以为政府改革设想提供参照，对如何形成“公开、公平、竞争、择优”的现代政府体系有着重要的参考作用。

最后，政府改革的基本目标之二是改革官僚制，建立灵活型

---

① 石亚军：《关于深化行政管理体制改革若干问题的调研思考》，《中国行政管理》2010年第3期，第13页。

政府，即改革文牍主义的官僚制，摒弃过多的繁文缛节，防止文牍主义在政府部门泛滥，鼓励各个政府部门的行政改革创新，构建分权制，实现放松管制的弹性政府。如果说专业型政府是官僚制政府的主导价值形态，灵活型政府则是后官僚制政府下的核心价值形态，它要求政府能够及时应对社会的要求做出灵敏的回应，而不应该陷入红头文件之中。20 世纪 70 年代在全球范围内掀起的新公共管理改革运动，其矛头指向就是官僚制的繁文缛节。这场运动虽然至今无法盖棺定论，但世界各国的改革实践表明，它的确帮助政府提高了行政效率，减少了行政成本。因此，这场运动内在的“冲破制度枷锁、释放人员能量”的改革理念是值得借鉴和提倡的。注入结果导向和激励导向的绩效政府文化，改革政府过程导向和控制导向的程序主义文化，也是政府行政改革的主要路向。

1.2.2　社团治理的基本理论

在公共治理核心命题即“政府与社会组织关系”这个命题上，不同的政治哲学及不同的国度，对国家与社会的关系都有不同的见解。在西方纷繁错杂的政治哲学阵营内，从国家本位到个人本位的连续体中，从自由主义到保守主义及至社群主义，各家各派都从不同的价值倾向对此进行了自己的注解。在当代社会，代表性的观点主要是多元主义的观点和法团主义的观点。换言之，在国家与社会关系这一命题上，有着两种基本的答案。一种是多元主义的竞争关系，另一种则是法团主义的合作关系。多元主义与法团主义的建构中轴是：利益集团的组织化程度以及其与政府的关系特征。多元主义与法团主义的核心分歧为：利益集团是独立的，还是被组织的？利益集团和政府的关系是界分的，还是融合的？而在这两种分歧难以彼此说服的交战中，形成了政策网络中关于政府与社会关系的新主张模式。

（一）多元主义的基本主张

在行为主义方法论的指导下，多元主义高度重视利益集团在政治过程中的角色和作用而否认了政府行为的特殊性。在多元主义者看来，政治就是利益冲突和协调的过程，公共政策是各个群体为了促进成员的集体利益而竞争和合作的结果。多元主义强调的是国家受到利益集团的限制，国家的公共政策主要反映的是利益集团的偏好。在多元主义的理论体系中，不同的学者对于政府机构的作用的理解也不一样。有的多元主义者认为，政府是中立的，本质上是作为群体竞争的一个裁判；也有的多元主义者认为，政府也是一个特殊的利益集团，根据这种解释，政府既追求自身的偏好，也回应外部利益集团的利益表达。在多元主义的体系中，政府或许被看作一个“竞技场”，或者被看作“裁判员”，都忽略了政府自主性的一面，至多也只不过把政府当成一个与其他利益集团地位相当的利益集团来看待。从整体上看，多元主义的理论对国家的作用是忽略的，政治是利益集团活动的舞台，政治过程体现的是利益集团的博弈。“多元主义模型假定社会是以寻求自身利益至上的集团的政治斗争为特征的，它把行政看作一系列战场，利益集团从选举、立法竞技场一直斗争到行政领域。”①

在多元主义的视野中，社会意见多元化、利益多元化、冲突多元化，利益集团在公民与国家中起中介组织作用，防止国家对社会的单向控制，在此基础上构建多元主义民主。

---

① 〔美〕詹姆斯·W. 费斯勒、唐纳德·F. 凯特尔：《行政过程中的政治——公共行政学新论（第二版）》，陈振明等译，中国人民大学出版社，2002，第64页。

某种意义上，多元主义提供的是一幅类似于竞争性市场的图景：（政治竞争的）市场是开放的；进入政治市场是自由的，利益集团的组织是不受限制的；资源和权力广泛分散；任何一个集团都具有潜在的政治影响；没有永久性占主导地位的特殊集团；争夺资源和公共政策的竞争不但是激烈的，而且是动态的，没有“常胜将军”；政府是碎裂的；最后，作为竞争过程产品的公共政策反映了政治市场的要求，是不同利益集团的政治力量相互竞争、冲突、讨价还价和妥协的结果。①

（二）法团主义的基本主张

政府与社会关系的典型模式一开始就是多元主义的模式。一直到了20世纪70年代，多元主义受到了法团主义的严峻挑战。法团主义是作为对于多元主义模式的批判而产生的。法团主义质疑多元主义利益集团政治方案的可行性，“这种社会组织设计只会使社会走向无休止的冲突、竞争，导致社会的危机和分裂”。②法团主义认为，自愿、竞争的利益集团的存在防止了单一权力的支配，但却不能避免利益集团的数量和规模的发展，结果便是实力雄厚的利益集团主宰了影响政治的主要渠道，从而在强弱不同的利益集团中引起冲突，而国家在此时再也无法扮演中立仲裁者的角色，在政策制定中必然偏向强势利益集团，可能损害弱势利益集团。因此，在法团主义看来，多元主义利益集团政治原意是为了促进利益均衡和稳定秩序，实际却造成一个充满竞争和冲

① 景跃进：《比较视野中的多元主义、精英主义和法团主义——一种在分歧中寻找逻辑结构的尝试》，《江苏行政学院学报》2003年第4期，第82页。

② 李忠惠：《多元主义视野中利益集团政治的功能分析》，《江西广播电视大学学报》2005年第1期，第8页。

突，无法避免支配者出现的社会秩序。

法团主义的根源可以追溯到中世纪保护家庭和国家之间自治协会“中间阶层”的思想，包括行业协会、商会以及宗教组织和教堂等。法团主义认为，中间阶层是社会有机和自然的秩序。15世纪到16世纪欧洲政治生活和政治冲突，主要就是新兴的民族国家对自治阶层的控制和后者对前者的反控制。在法团主义者看来，国家和利益集团的关系更趋向于合作关系。

法团主义是一个非常复杂的思想体系。一般认为，法团主义是由菲利普·斯密特在20世纪70年代末提出来的。斯密特对法团主义有一个经典的界定，即“法团主义是一个利益代表的系统，在这个系统中，构成单位被组织成一些单一性的、义务性的、非竞争性的、层级性的、功能不同的有限团体，这些团体由国家认可并赋予一定的垄断代表权，以此为交换，国家对其领导人的选定、利益需求和组织支持有一定的控制”。① 由此定义，法团主义把利益团体看成单一的、义务的、非竞争的、层级性的。

法团主义主张的是政府和利益集团的制度化的协商合作关系。在法团主义看来，“利益集团并非在政府之外，向政府施加‘压力’，而是统治过程中的一部分，即执行政策，也帮助拟定政策。这种政府与利益集团相互依赖的状态，在某些国家益发亲密。总之，利益集团与国家界限分明的观念，事实上是错误的”。② 这里，笔者试图借用米德尔马斯的论述来提供一个对法团主义思想的整体把握。克里斯求弗·哈姆和米切尔·黑尧认为，

---

① Philipper C. Schmitter, “Still the Century of Corporatism?”, *Review of Politics*, Vol. 36, 1974 (1).

② 威尔逊：《利益集团》，王铁生译，台湾五南图书有限公司，1993，第179页。转引自许婷《法团主义：政府与社会组织的关系模式选择》，《中共浙江省委党校学报》2006年第4期，第92页。

> 国家与商会、雇主社团之间的亲密关系，形成于1916~1926年。这种亲密关系形成之后，这些商会和社团分享了国家的权力，从纯粹的利益集团成为“延伸了的国家的一部分”。在这种情况下，商会和雇主集团成为治理机构，它们就这样被亲密地合并到了国家的政府治理体系当中。因此，主要利益集团通过这种合并的形式成为政策主体，而且并不是以部下和属下的身份。国家合并这些集团作为治理机构的一部分，目的是希望通过与这些集团共享权力来维持和谐，避免冲突。但总体而言，国家并不是被某一个经济阶级或集团所控制，与劳工和资本的关系上，国家发挥着一个独立和支配性的作用。①

法团主义提供了一幅不同于多元主义的图景。在多元主义那里，国家与社会的界限是分明的，利益集团独立于政府，并从外部对其施加压力，而政府对不同的压力进行回应。法团主义把国家干预的要素加入集团利益的斗争中来，利益集团的作用由国家的承认和支持来决定，公共政策的结果是由国家和利益集团的相互作用来决定的。在法团主义的模式中，国家与垄断性的利益集团之间建起了一种制度化的协商合作关系，国家让出了部分公共权力，允许它们进入公共政策的决策过程，并对相关政策提出意见，作为政治交换，利益集团有义务将一致达成的公共政策在自身的领域内得到有效的贯彻。结果是社会和国家交织到这样一个地步，以致就政策制定的权利和过程而言，划分国家和社会并不能反映两者的重要差别。就此而言，法团主义使国家和社会关系

---

① Christopher Ham and Michael Hill, *The Policy Process in the Modern Capitalist State*, Harvester Press, 1984, p. 37.

经历了一个双向过程，国家和社会相互交织、相互渗透。

有学者归纳出法团主义最着重强调的三点：第一，强大的国家领导力量；第二，对利益团体自主与活动的限制；第三，将利益团体整合为国家的一部分，不仅向国家机关表达成员的利益，也帮助国家管理和执行政策。①

在多元主义与法团主义的论争中，引发出一系列修正多元主义和法团主义的理论模式，比如压力法团主义、国家法团主义、社会法团主义、中层法团主义等。然而这些新模式却又产出了新的问题，即有的是用相同的标签来说明不同的现象，有的则是用不同的标签来说明相同的现象，从而引起了关于国家与社会关系的困惑和误解。而且，更严重的问题在于，多元主义和法团主义都被认为缺乏经验的基础和逻辑的一致性，在解释国家与社会关系时带有片面性。“法团主义和多元主义显然都不应被看作是唯一的抉择，应根据利益集团的垄断程度以及它与国家之间的关系的相互依赖程度，把它们看作是一个连续统一体的两极。”②

（三）政策网络的基本主张

20世纪末以来，西方学者主张抛弃多元主义和法团主义的二元对立式模式，形成“网络”的新术语来表明国家与社会关系的各种不同类型。在政策网络的研究者看来，网络形成了与多元主义、法团主义不同的新选择。多元主义强调在利益集团竞争过程中国家的无作为，国家只是作为裁判者的中立角色，为利益集团提供竞争和妥协的舞台。政策网络的理论与此不同，它认为国家与社会双方互相需要彼此的知识及影响力等，进行优势互补的交

① 范明林、程金：《政府主导下的非政府组织运作研究——一项基于法团主义视角的解释和分析》，《上海大学学报》（社会科学版）2006年第7期，第75页。

② 康晓光：《创造希望——中国青少年基金会研究》，漓江出版社、广西师范大学出版社，1997，第616页。

换活动。就这一点来看，政策网络的理论倾向于法团主义的思想传统，强调的是国家与社会集团之间的互相作用，互相影响。[①]与此同时，政策网络不能等同于完全的法团主义，罗茨就曾指出，法团主义的特征在于利益的汇总、团体的审批、代表的垄断和成员的管制。这些特征与政策网络的特征是不尽相同的。[②] 政策网络着眼于政府与社会组织之间的复杂互动，表明了政府与NGO 关系中的亲密性，认为国家与社会行动者之间存在较强的联系。因此，政策网络模式更是贴近于实践中的国家与社会关系模式，因而成为一个日益代替多元主义和法团主义的解释框架。首先，政策网络中的政策子系统、亚政府、铁三角的概念大同小异，集中体现了对于多元主义的怀疑和批判。在政策网络途径看来，国家的行动者同时也是公民社会的行动者，它们生活在社会当中，经常接触代表社会利益的社会集团。所以，国家行动者的利益与集团行动者的利益有着密切的关联，不一定是中立和自主的，政策网络的属性决定了国家行动者的自主程度。

其次，政策共同体的研究进一步把政策网络对于国家与社会关系分析主题明确化，即建立在具体化层面而不是抽象化层面来理解国家与社会的关系。政策网络研究的一个重要特点在于“化整为零”的分析思路，这在国家与社会关系的阐述中表现为对国家和社会的分解，它不是止步于对国家和社会概念的整体把握，而是把国家分解成一个个政府部门，把社会分解成一个个社会利益集团，同时强调社会行动者的重要作用。政策共同体的研究表明，政策过程是分裂的，政策过程是多领域的、多层次的，各种

---

① Lars Carlsson, “Policy Network as Collevtive Action”, *Policy Studies*, Vol. 28, No. 3, 2000, pp. 501 – 520.

② R. A. W. Rhodes, *Understanding Governance: Policy Network, Governance, Reflexivity and Accountability*, Open University Press, 1997.

不同的层次都会形成政策共同体。这就意味着，政策网络的研究思路是一种分解式的研究思路，通过把国家细分成各个政府部门，把社会细分成各个社会组织，然后通过具体的政府部门与社会组织在实践中的互动关系来考察国家与社会的现实关系。

而最能显示政策网络与传统国家社会关系模式研究思路不同的是，政策网络把国家社会关系当成一个光谱，一端是政策共同体，一端是议题网络。其中，政策共同体中的国家与社会关系类似于国家主导的法团主义模式，而议题网络中的国家与社会关系模式则类似于社会主导的多元主义模式。在这方面的理论贡献主要来源于马奇和罗茨的分类体系。①

马奇和罗茨的分类把政策网络看成是一个光谱式的连续带，一端是政策共同体，一端是议题网络。政策共同体是紧密的网络，少量的参与者共享基本价值并进行资源交换。它们在成员的连续性、价值和结果上呈现大量的一致性。相比之下，议题网络是稀松的网络，大量成员进入，成员波动性大，对于价值的争议也很大。在议题网络中，成员身份、价值和结果的一致性较小。这事实上体现了利益交换的两种主要模式。这样，在国家与社会的互动分析中，就包括相对紧凑的政治共同体和相对松散的议题网络。网络的形成基础在于不同的政治与社会行动者的资源相互依赖。

1.3 章节安排

本书从政府改革和社团治理两个方面来考察澳门的公共治

① D. Marsh and R. A. W. Rhodes (eds), *Policy Network in British Government*, Oxford: Clarendon Press, 1992.

理，前面四章围绕政府改革来展开论述，后面四章则从社团治理来展开。

第二章讨论政府改革的核心战略，分别从科学决策、阳光政府和精兵简政三个方面来阐述特区政府最为核心的政府改革和行政改革的基本战略。尤其是第三届特区政府上任以来，科学决策、阳光政府、精兵简政不仅成为公共行政和政府改革的核心战略，也是特区政府施政的核心战略，对其基本的梳理和分析，有利于从整体上把握特区政府政府改革的总体方向、原则、精神和理念。

第三章从改善政府公共服务质量、发展电子政务、完善公众咨询、应对职能重叠来介绍澳门特区政府政府改革的基本路径。在提升政府公共服务质量方面，澳门特区政府致力提升公共服务的质量和水平，也取得了一些成效。强化公众参与、构建多元化的评估主体、形成科学合理的评估指标体系，应该是未来澳门特区政府改进和优化公共服务质量的主要方向和措施；在电子政务方面，特区政府在制度建设、内部管理电子化、公共服务电子化、政府与公众沟通电子化方面都取得了一定的成绩。展望澳门特区政府未来的电子政务发展，要进一步深化行政管理体制改革，建立整体政府及一体化电子政务，完善跨部门合作机制，优化行政流程；在公众咨询方面，澳门特区政府需要反思和检讨现有的公众咨询制度，提升咨询成效，促成政府与公众的良性沟通，凝聚社会共识以及政府和社会的共识；在应对职能重叠方面，澳门特区政府需要整合机构和完善跨部门合作机制双管齐下，不断建立和完善正式和非正式的、横向和纵向的跨部门合作机制，增强部门的相互信任和信息共享，为解决职能重叠问题提供良好的制度保障。

第四章讨论了特区政府的政府绩效治理制度，分析了制度背景、制度内涵及推进建议等各方面的内容。笔者指出，政府绩效治理制度不仅是政府管理工具的变革，也表明管理理念的变革，体现政府的管理理念从“过程为本”“控制为本”转向“结果为本”“公民为本”“服务公民为本”。这些管理理念与澳门特区政府当前推行的“阳光政府”“科学决策”的施政理念相吻合，都致力于为公民提供更优质的公共服务。在未来的发展中，澳门政府绩效评估中的公务员工作表现评估、廉政公署及审计署评估以及公众参与评估都需要进一步完善，从而更好地进行预算制定、激励员工、提升政府服务、提升公民和政府的沟通，最终提升特区政府施政的绩效和能力。

第五章讨论了澳门社团治理体制。澳门是一个典型的社团社会，民众的很多政治要求都通过社团表达。利益的分散化和碎片化对澳门传统的公共治理提出了新的挑战，对特区政府民意吸纳的能力提出了新的要求。在传统社团整合体制弱化的背景下，功能性社团主导民意吸纳的机制受到了冲击，社团的“差序格局”逐步向“竞争格局”演化，一般性社团和普通公众绕过功能性社团直接与政府进行沟通和互动，向政府表达利益要求和提供政策建议。由此，需要强化澳门特区政府对于各种民意要求表达的自主性，鼓励社团之间以及政府和社团之间应增强沟通和理性对话，在沟通和对话中增加政府和社团的深层互动交流，防止少数民意要求驾驭于整体民意之上，使澳门的公共政策能真正吸收最广大而真实的民意。

第六章讨论了澳门社团的组织文化，对澳门社团的和谐文化、人情文化、小圈子文化以及封闭文化进行了梳理和分析，指出澳门社团的和谐文化主要体现于澳门政府和社团之间的合作关系以及澳门社团间的合作关系，这是由澳门特有的法团主义体制、历史传统、文化秉性以及爱国爱澳价值观等多方面因素所决定的；澳门深受中国传统文化中人情文化的影响，澳门社团在人员招聘等管理方面体现了熟人文化和人情文化的管理文化；澳门社团在内部管理上体现了少数人主导的小圈子文化及财务透明度不高的封闭文化，民主化和制度化不足。本章最后展望了澳门社团组织文化的发展方向，指出未来澳门社团文化应该着眼于向制度化、民主化和透明化的方向发展。

第七章讨论了澳门社团的人力资源状况，指出澳门人力资源在数量和质量上的整体缺乏，讨论了这个背景下澳门社团雇员与义工的各自特点，分析了社团雇员的结构、年龄、学历以及义工的分布、规模、工作时间、培训等情况，同时探讨了社团资源管理在招聘、薪酬、吸引人才等各个人力管理环节的基本情况。本章认为，澳门社团人事管理整体上处于一种制度化不足的传统管理阶段，需要进一步加强制度化建设水平，引入参与式管理，规范人员选拔机制，完善人才激励机制，并不断提升人员的专业化水平。

第八章讨论了澳门社团的社会服务模式。本章选取澳门街坊会为例子，通过介绍澳门街坊总会的组织使命、发展历程、治理结构等方面的情况，讨论澳门街坊总会多元双赢的社会服务模式。澳门特区政府通过建立同街坊总会的亲密伙伴关系，为澳门居民提供了广泛而细致的社会服务。

第九章是结论。通过对澳门特区政府改革和社团治理的整体考察，笔者认为提升公共治理成效和政府管治能力应着眼于从四个层面进行不断的改革和完善，一是提升政府政策制定的科学化和民主化；二是完善上下级关系；三是理顺部门间的合作关系；四是优化政府和社团的合作伙伴关系。

需要说明的是，由于本书是笔者近年来跟进澳门特区政府改革与社团治理的持续思考，书中部分章节是在已发表论文的基础上修改而成，如“3.1 改善政府公共服务质量”是《政府公共服务质量：实施状况与改进方向》修改而成（发表于《澳门经济社会发展报告（2015～2016）》，社会科学文献出版社，2016）；“3.2 发展电子政务”是《澳门特区电子政务的回顾与展望》修改而成（发表于《上海行政学院学报》2016 年第 6 期；《澳门经济社会发展报告（2015～2016）》，社会科学文献出版社，2016）；“3.3 完善公众咨询”是《澳门公众咨询：实践发展与制度审视》修改而成（发表于《澳门经济社会发展报告（2016～2017）》，社会科学文献出版社，2017）；“3.4 应对职能重叠”是《职能重迭：老问题与新方法》修改而成（发表于《澳门研究》2015 年 9 月）。

第2章　澳门政府改革的核心战略

澳门回归以来，特区政府对民意表达和公众参与充分尊重，向公众进行广泛的政策咨询已经逐渐成为特区政府出台公共政策之前的惯例。但在公共政策的民主化和科学化方面仍存在一些问题和不足，也受到了公众的一些批评。在2009年澳门特区立法会的施政方针辩论中，特区政府的高层领导就公开承认，政策研究是政府的薄弱环节，指出政府由于深陷大量行政工作，没有太多的精力进行政策研究，希望今后通过加强政府与高校研究机构的合作，弥补政府在政策研究方面的缺陷。

行政长官崔世安先生在《传承创新　共建和谐》的参选政纲中进一步提到，要"加强政策研究的力量，提升政策研究的水平，确保特区政府政策制定的科学性、系统性和前瞻性，提升政府的政策制定能力，确保政策的可操作性"。①崔世安在参选政纲中还指出，要设立政府建制内部的高层智库中心，并鼓励高校与民间政策研究机构的沟通和交流，借此来加强政策研究的力量，提高特区政府决策科学化的水平。第三届特区政府成立以后，行政长官崔世安先生在不同的场合下多次强调科学决策的重要意义。在2010年的元旦献辞上，崔世安特首把"科学决策"和"阳光政府"列为未来特区政府的两大切入点。在2010年3月，新一届澳门特区政府首份施政报告再一次提出，"'从协调发展和

① 崔世安：《传承创新　共建和谐》，2009年参选政纲。

谐共进'的理念出发，特区政府将在公民参与和专家参与论证相结合的基础上，大力提倡和推行科学决策"，"新的时期，政府施政的突破口是，推行科学决策，打造阳光政府。"①

因此，"科学决策、阳光政府"是第三届澳门特区政府的施政切入点，是引领第三届特区政府施政的核心理念。第四届特区政府在"科学决策、阳光政府"的基础上，进一步提出了"精兵简政"的核心施政理念。崔世安2014年的参选政纲指出，"致力深化行政改革，精兵简政，减少不必要的行政环节，整合同构型较高的工作程序"。② 由此形成了澳门特区政府施政的三大核心理念和战略：科学决策、阳光政府和精兵简政。

2.1 科学决策

科学决策是当今世界各国政府公共政策发展的一个基本趋势。科学决策的含义是十分丰富的。从程序上看，科学决策需要首先确定政策问题和政策目标，然后拟定政策方案，进而从多个政策方案中选择一个政策方案，由此完成科学决策的程序化过程。此外，科学决策也是吸纳民意、综合民意、反映民意，收集利益表达、整合利益诉求的过程，确保政策真正体现民意和公共利益，是科学决策内在的核心要求，科学决策和民主决策从根本上是统一的：一个科学的决策，本质上需要充分地反映民意。另外，科学决策还要求决策者与咨询者的分离，即"断"与"谋"的分开，最终实现"多谋"和"善断"的理想局面；科学决策还要求决策者客观理性地依据效益最大化的原则，认真分析各种政

① 中华人民共和国澳门特别行政区二零一零年财政年度施政报告，2010年3月16日。

② 崔世安：《同心致远 共享繁荣》，2014年参选政纲。

策方案的经济、技术与政治的可行性，并进行比对、权衡和选择；同时，要求政策研究者善于运用各种现代科学分析工具和方法拟定政策方案，防止主观情感认知的影响。

澳门特区政府推进科学决策最重要的一点在于以切实的制度加以保障。科学决策不止于一种理念，科学决策的实现不是依靠个人的主观偏好、情感判断来决策，而是要依靠制度化、程序化的规则来决策，具体而言主要依托于专家咨询制度和公众咨询制度的建立和完善。

其中，专家咨询制度主要着眼于各类智库联络机制的建立，公民参与制度则重在规范公众咨询制度的运作，从而实现公共政策科学化与民主化的统一，提升特区政府的管治能力。

2.1.1　科学决策与专家咨询

从总体上看，政策咨询可以区分专家咨询、公众咨询和利益集团咨询（社团咨询）三种政策咨询体系。其中，专家咨询基本上可以分为政府政策研究机构的咨询、高校政策研究机构的咨询及民间社会政策研究机构的咨询等类型。而作为专家咨询体系组成部分的政府研究机构的成立，自然也就成为实现科学决策的重要一环。

回归以来，特区政府坚持依法行政，积极听取社会各界的意见进行政策制定，同时也体现出对专家咨询的高度重视。总体来看，特区政府政策的专家咨询体系主要由以下六个类别组成：一是政府部门成立相关的研究机构，其中以 2005 年成立的可持续发展策略研究中心为典型代表；二是高等院校内部的研究机构和研究部门，例如澳门大学、澳门理工学院及澳门科技大学中相关的研究所和研究中心；三是回归后民间的政策研究机构得到了长足的发展，诸如澳门发展策略研究中心、澳门经济学会、澳门经济建设协进会等民间研究机构，通过实地调研撰写研究报告，为特区政府施政建言献策；四是政府各个部门通过召开各种座谈会、集思会的方式听取各个领域专家的意见；五是政府通过合同判给的方式，委托和聘请专业顾问公司进行专项研究并提交政策研究报告；六是许多咨询委员会的成员中有专家的代表，为政府提供专业意见。

不可否认，澳门公共政策的专家咨询体系仍然存在值得改进的空间。第一，澳门的专家咨询体系比较分散，缺乏集中而强大的政策研究机构。第二，专家咨询带有一定的随意性。特区政府并没有出台相关制度规范，规定政策出台之前一定要进行专家咨询，离“不经过科学论证就不决策”的要求尚有一定的差距。第三，研究机构的专职研究人员较少，这在政府体制内部的研究机构中表现得尤为突出。第四，本地专业研究人才较为缺乏，很多研究项目采取“外包”的方式判给外地专家立项研究，而外地专家对澳门的实际情况往往缺乏深入、具体的了解。

为此，特区政府成立了向行政长官负责的政策研究室，以实现科学决策。2010 年 3 月第三届特区政府的首份施政报告专门集中地阐释了特区政府关于建立“政策研究室”的构想，“决策的科学化是政府提升施政能力的重要一环……特区政府将组成向行政长官负责的政策研究室，作为咨询、辅助决策的机构，协助行政长官了解民意和科学决策，协调特区政府各部门政策的制定。从跨学科、多领域、全方位的综合视角，为政府提出政策建议和方案，提升政府决策的全局性和前瞻性”。

成立体制内政策研究室，为澳门公共政策专家咨询体系的发展完善带来了难得的契机。根据当前特区政府的构想，政策研究室将集合专职的研究团队，以集约化的模式对澳门的政策问题进行集中研究，以集约、专职的方式加强专家咨询力量，改变原来

的粗放式、分散化的、外判式的专家咨询模式，推进特区政府的科学决策。可以预见，未来的政策研究室将占据未来特区政府专家咨询的首要位置，由其带动和引领特区政府公共政策的专家咨询体系。

这里需要强调的是，政策研究室需要发挥其主导作用，加强与各类专家咨询的联系和沟通，提升专家咨询体系的整体合力，才能更好地完成科学决策的使命。对此，第三届特区政府的首份施政报告提到，“建立与政府各部门、各咨询机构、高校研究机构及民间社团定期的联络机制，加强体制内外研究机构的信息交流。”这勾勒出未来特区政府智库建设的基本架构，即由官方智库、半官方智库和民间智库共同组成政府科学政策的专家咨询体系。可见，特区政府充分意识到了，实现科学决策的关键在于整合好各类专家政策咨询体系，建立体制内的政策研究室与政府外部的各类政策咨询机构的常规联络机制。

在澳门特区政府公共行政的实践中，政府智库与民间和高校智库有着较为良好的联系和合作，这为未来的政策研究室加强与民间、高校研究机构提供了宝贵的经验。特区政府的政策研究部门不时会与高校或民间研究机构进行沟通和互动，在与高校或民间研究机构的对话中广泛地吸收各方面的意见和建议，建立较为畅通和开放的联络机制。当前，澳门各个高校和民间各社团都成立一些相关的研究机构，比如在澳门大学、澳门理工学院、澳门科技大学等高校内部都成立了相应的调查和研究中心，澳门民间也成立了诸如发展策略研究中心、澳门经济协会等研究型的社团，它们经常会对特区政府的施政开展民意调查，收集市民对特区政府政策的看法和评价，通过媒体向市民公布，它们成为特区政府了解民意和吸收民意的平台。事实上，澳门可持续发展策略研究中心就经常针对一些政府施政的热点问题，召集各个高校的专家学者以及澳门各个社团的代表召开“集思会”，听取社会各界人士的多元声音，最终形成研究报告交付特区政府。

政策研究室和高校、民间研究机构的互动合作，是特区政府在推进科学决策过程中的重要特征。这可从行政长官崔世安先生关于落实“科学决策”的设想中得到进一步验证。崔世安特首2010年3月在回应立法会议员关于“政策研究室”操作的质询中曾提到，“关于未来科学决策，政府已参考及学习了很多不同地区的做法，初步构思为首先由学术团体研究机构作一般研究，进而经过专家学者后交予政府，由有关部门作出研究，再经由政策研究室呈上当局作最后决策”。[①] 这表明了，拟定政策方案的过程将遵循由学术团队—专家学者—政府相关部门—政策研究室—当局（行政长官）这种从下到上、从社会到政府的进路，夯实政策方案拟定过程的社会基础，从而最终确保政策制定的科学性。

2.1.2 科学决策和公众咨询

除了专家咨询外，公众咨询是公共政策咨询的重心。甚至在一些人看来，公共政策咨询基本上指的就是公众咨询。回归以来，澳门的公众咨询取得了令人欣慰的成绩，公众参与政策咨询的积极性日益提高。许多政府部门在政策出台之前都会进行公众咨询，并且引入多样化的咨询形式和咨询机制，创新了澳门的咨询文化。例如，可持续发展策略研究中心的《澳门城市概念性规划纲要》的公开咨询活动，就广泛采取了简报会、咨询会、巡回展览、落区座谈、报章专栏、网上论坛、走访高等院校等多种形

---

① 《政策研究室汇集民间智慧供科学决策》，《市民日报》2010年3月18日，第P01版。

式征集民意。一些咨询活动在完成第一阶段的公开咨询、整理首阶段的咨询结果之后，还展开了第二轮的咨询活动。此外，特区政府还加强“社区服务咨询委员会”、“社区座谈会”及“市政署公开例会”的功能，深入社区了解居民的实际诉求，聆听不同阶层的意见。

然而，在取得成绩的同时，澳门的公众咨询也依然存在一些问题和弊端。澳门的公众咨询活动较为分散，缺乏统一化的协调和统筹机制。一方面，各个政府部门的政策咨询活动缺乏统一、规范化的指引；另一方面，特区政府对公众意见的回应性有待加强，公众咨询受到“形式化”的批评。特别是在当局几个部门同时推出几项公众咨询的情况下，更是令社会怀疑公众咨询的成效，因为一般公众很难有足够的时间和精力同时去消化不同施政范畴的咨询文本。就此，有议员总结性地指出当前澳门公众咨询模式存在的弊端，“目前行政当局各部门咨询的时间五花八门，咨询期限不一，有部门短则两至 3 个月，有部门可以长达 1 年，有部门咨询过后就不了了之，没有交代采纳意见与否的原因和理据，有部门咨询结束多年后仍未见法例出台，影响咨询的时效性，对咨询质量难有保证”。[①] 为此，不少澳门学者和社会人士建议成立一个统一管理公众咨询的机构，以避免各部门在同一时间推出多种咨询使得出现“公众咨询爆炸”和“公众咨询疲劳”的情况。有了统一的公众咨询管理机构，可以根据公众咨询事项的轻重缓急合理确立公众咨询的时间安排，从而确保公众咨询活动的合理化和科学化。

特区政府回应了社会关于建立法制化、统一化的咨询机制的要求。时任行政暨公职局局长朱伟干在 2010 年 6 月份的公共行政

① 《吴在权倡统一咨询机制》，《市民日报》2010 年 3 月 17 日，第 P06 版。

改革咨询委员会第6次会议会后表示，政府根据去年完成的民意吸纳及推广系统建立研究报告提出意见，建立政府咨询制度的规范，各公共部门今后开展咨询工作时均有制度可循。根据朱伟干的解释，“政府将订定公共行政咨询工作规范，各部门可依循规范开展咨询工作，同时会建立协调机制，避免同一时间有多份法案或政策推出咨询”。①

由此，可以预见，未来澳门特区政府的公众咨询将得到进一步的规范化和制度化，各个部门的公众咨询将得到统筹和协调，以提升公众咨询的成效，确保公众咨询不走形式化。特区政府改革和完善公众咨询体系的目的，归根到底就是要通过各种公众咨询机制的设立，鼓励公众积极参与社会公共事务，促进公众和政府的双向沟通和相互信任，全面了解、掌握多元化的民意，为政府的政策制定提供切实的民意基础。

2.1.3 科学决策与社团咨询

除了专家咨询和公众咨询之外，由于澳门“社团社会”的特质，特区政府在出台公共政策之前一般也会进行广泛的社团咨询。在澳门，承担社团咨询功能的是特区政府的各个咨询机构和咨询委员会。根据《澳门基本法》第六十六条的规定，澳门特别行政区行政机关可根据需要设立咨询组织。澳门特区在行政长官、行政法务局、经济财政司、社会文化司以及运输工务司等行政机关都设立了相关的咨询组织（截至2010年底之前，澳门特区共有各类咨询委员会42个），其职责在于为政府的决策或政府制定政策提供咨询意见。

---

① 《当局拟规范政府咨询制度　料下月推规范档咨询各部门意见》，《澳门日报》2010年6月2日，第B02版。

澳门的咨询机构和咨询组织有着政策咨询、社会认知、利益协调与人才培养等综合性功能。① 从成员构成来看，澳门各咨询机构的成员既有专业代表，又有民意代表和社团代表，事实上承担着专家咨询、公众咨询和社团咨询三种功能。咨询机构功能定位的宏大和宽泛，往往使得咨询机构在实际运作中不堪重负，成效不显。为此，澳门社会提出了各种各样改革咨询委员会的建议，包括改革咨询机构成员的选拔机制（甚至包括直选机制的引入），平衡咨询机构成员专业性和代表性的比例，使咨询机构的运作更为透明等。然而，咨询机构的改革最终往什么方向发展，目前仍然没有共识和定论，特别是咨询机构的功能应该是以专家咨询、社团咨询还是公众咨询的定位为主导和核心，似乎没有引起相关的讨论。

笔者认为，在特区政府决定成立政策研究室、统一公众咨询机制的背景下，特区政府公共政策的专家咨询和公众咨询已经有了相应的机构依托和机制依托，在这种情况下，可以考虑把咨询机构的主要功能定位在强化社团咨询方面。在以社团政治著称的澳门社会，社团在政府治理中不可或缺，社团咨询在澳门公众政策咨询中也应有一席之地。事实上，一直以来，澳门咨询机构的主要功能之一就是体现法团主义的理念，吸纳社团成为政府施政的帮手和伙伴，广泛吸收各个社团精英的意见和建议。在澳门的专家咨询和公众咨询都有相应的制度机制支撑的新形势下，放大和彰显咨询机构的利益协调功能，让其成为政府与社团以及社团之间相互交流的制度平台，可能是未来澳门咨询委员会改革的方向之一。

---

① 参见娄胜华《功能分殊：咨询机构革新的切口》，《澳门日报》2006 年 12 月 7 日，第 C12 版。

澳门特区政府推进科学决策的经验显示，科学决策在很大程度上需要依赖政策咨询体系的建立和完善。为了更好地实现科学决策的施政目标，澳门特区政府首先着眼于完善专家咨询、公众咨询和社团咨询等政策咨询体系，在这个基础上，特区政府意识到需要对各类政策咨询体系进行统合，化解政策科学化和民主化的张力，致力于形成专家咨询、民意咨询和社团咨询相互促进、相得益彰的理想局面。这就意味着，科学决策的实现不仅要依托于专家咨询体系、公众咨询体系和社团咨询体系的建立和优化，更在于这三类体系的整合和衔接，需要更为精良和细致的制度设计。

2.2 阳光政府

在第三届特区政府施政中，“阳光政府”是和“科学决策”并重的施政理念。人们普遍关心的是，如何真正实现“阳光政府”，提升政府施政的透明度，使特区政府真正成为一个廉洁、负责的服务型政府。然而，单独依靠政府的决心和意志并不足以有效推进“阳光政府”的实现，阳光政府的关键推动力量不是别人，而是市民本身。在公民参与政府公共事务的过程中，必定要求政府公开相关的信息和政府行为，从而从客观上要求政府提升施政的透明度。因此，澳门市民要想拥有一个高施政透明度的政府，就需要积极地参与社会公共事务的管理活动，对政府的各项政策活动提出要求、意见和建议，推动“阳光政府”的实现。

回归以来，特区政府不断提升施政透明度，以满足澳门市民的广泛要求。特区政府在行政公职局下面成立了公众服务暨咨询中心（政府信息中心），向市民大众提供各项行政手续和政府信息，同时转介市民对政府公共部门及机构提出的投诉和建议，成为澳门政府政务公开的窗口，大大满足了澳门市民了解政府活动的要求，使澳门市民能较为便捷地了解政府信息。然而，尽管如此，在不少澳门市民看来，在诸如土地批给等重要决策方面，普通市民根本无法获知政府政策的相关理据和资料，特区政府的政策透明度仍然有待提升。而事实上，“透明性”本质上便是个程度问题，从低透明度到高透明度到更高透明度，似乎是政府行政改革运动中永无止境的要求。

2009 年 12 月，澳门理工学院“一国两制”研究中心一项关于“澳门特区政府第二个 10 年发展路向选择”的大型民意调查中就显示，超过 6 成的澳门居民认为“打造阳光政府”是第三届特区政府上任以后最需要优先处理的事务。2010 年 3 月底，澳门中华新青年协会一项了解居民对 2010 年施政报告意见及对未来施政方向及期望的问卷调查也表明，居民认为政府未来的重点工作方向最为集中地体现在“提升本澳居民的综合生活素质”“完善社会福利政策”“建设阳光政府”三项。可见，“构建阳光政府”，已经成为澳门市民对政府施政最为强烈的要求之一。

为了响应澳门市民的普遍要求，第三届特区政府从上任以后就极为重视“阳光政府”的问题。行政长官在 2010 年的元旦献辞中，把“阳光政府”提升到“政府施政切入点”的高度，明确提到“特区政府将以‘科学决策’和‘阳光政府’为两大施政切入点，协同其他范畴的施政，在澳人治澳的历程上，实现传承与创新”。在第三届特区政府首份施政报告上，特区政府更是凸显了“阳光政府”在整个政府施政蓝图中的分量，把“充分听取社情民意，致力建立阳光政府”作为政府管治领域的施政安排要领。从特区政府的施政实践看，打造“阳光政府”也已经进入了实际的施政议程。目前，特区政府已经设立政府发言人办公室，建立政府新闻发言人机制，致力于提升政府的响应性。另外，特区政府启动了被称为“阳光法”的《财产申报法律制度》的修订工作，引入官员财产资料适当公开的机制。

2.2.1 公众参与：阳光政府的推力

在政府管理走向治理与善治的年代中，公民参与和介入政府公共政策和公共管理过程中，已经是一种不证自明和无法阻挡的发展趋势。然而，如何促使公民有效参与是一个世界性的难题。一直以来，澳门的公民参与始终处于一种不太发达的状态。由于历史的原因，在澳葡时代，澳门的华人参与社会公共事务和政治事务的空间狭小，普通的市民特别是中下层的民众较少介入到社会公共事务的管理之中。在许多澳门民众看来，公民参与、公众参与是少数精英的参与，形成了澳门市民的“参与冷感”和“政治冷感”。

回归后，在“一国两制”“澳人治澳”的政制框架下，澳门的公众参与空间得到了释放，公民参与的积极性和参与热情空前高涨。从参与形式看，普通市民除了加入社团参与社会公共事务的活动以后，也形成了一些自发的、个体的公共参与和社会参与，包括对政府的政策咨询文本提出建议，也包括在几次的“五一”游行中走上街头表达利益要求以及对政府施政的意见。从总体上看，虽然澳门公民参与的整体水平不高，但随着教育水平的提高，“澳人治澳”意识的提升，以及社会的日益发展等原因，澳门的公民参与呈现稳步发展和逐步普及的态势，比如佑汉小区经常举行的居民论坛，就成为居民表达要求的例行通道。

2010 年的“轻轨经伦敦街”事件再次表明，澳门的公民参与并不是少数人的参与，普通的居民在城市规划、交通等领域已经显示出参与社会公共事务的积极性和主动性。2010 年，四十多名新口岸填海区伦敦街、波尔图街居民代表到相关的政府部门反映

意见，提出更改轻轨路线走向的要求。他们认为，轻轨营运带来的噪音、空气污染破坏将破坏伦敦街一带的环境，反对轻轨以高架方式穿越文化中心经伦敦街的路线安排，希望与政府建立理性的沟通机制，取得平衡发展。澳门的公民参与意识已经日益提高，特别是在面对一些与居民利益相关的小区性公共事务时，居民一改之前“被动参与”的姿态，主动积极地谋求与政府的沟通对话，了解政府的设想和解释，增加其对政府公共政策的影响力。

随着社会公共事务管理的日益复杂化，单独依靠政府已经无法有效管理好各式各样的社会公共事务。在这种背景下，世界各国政府普遍提倡仅由政府来管理“单中心管理模式”走向政府和社会、公民合作管理的“多中心治理模式”。而如何避免“多中心”治理模式成为“无中心治理模式”的关键在于，政府与社会需要实现良性的互动，互相对话沟通，消除分歧，达成妥协和信任。在这种过程中，政府施政透明度的提升和公民参与是两个非常关键的环节，是政府与公民能否达成沟通对话合作的决定因素。

政府施政透明度的提升和公民参与是相互作用、互相影响的。一方面，政府信息和政府行为的公开是公民参与的基础，只有获得了相关的政府信息，居民才能有针对性地参与到政府的公共管理活动来，提出对政策制定的意见，回馈对政策执行的看法，评估政府的绩效表现。另一方面，公民参与的推进和普及，客观上要求政府进一步加大政务公开的力度，提升政府施政的透明度，就必然成为政府公开和阳光政府建设的推力和助燃剂。反之，如果政府信息不公开，政府活动不透明，公民参与失去了存在的空间，公民参与就无法得到有效的发展，它反过来也就使得政府的政务公开失去最为直接和有效的外部推动力。

在特区政府充分释放出“建立阳光政府”的施政目标的背景

下，澳门的公众参与获得了前所未有的发展契机。在这种有利时机下，市民应该广泛参与到特区政府的各种公共政策活动中，参与政策讨论，提出政策意见。特别是在关于城市规划、社会福利政策等关乎自身利益的政策事项中，公民更加需要积极主动地参与到政府的各项政策过程中去，改变“事不关己，高高挂起”的参与冷感，关心从邻里到小区到整个澳门的社会公共事务，做政府治理的帮助者和监督者，理性、有序、合法地参与政治性、经济性、文化性和社会性的各项公共事务，为提升政府管治能力和推动澳门社会进步贡献自身的一分力量。与此同时，特区政府在推动公民参与中有着不可推卸和义不容辞的责任，在鼓励公民参与的同时，应该加大力度培育公民的参与意识和参与能力，着力优化公民参与的制度建设，夯实“良政”，迈向“善治”。

总之，如何真正建立“阳光政府”，使得“阳光政府”得以真正落实，是特区政府和普通市民都非常关注的问题。“阳光政府”要求适当公开政府的相关信息，并确立相关的公开管道和机制，使得政府和市民能够互相了解，加强沟通和对话，最终凝聚共识，增强相互的信任。因此，“阳光政府”的建立不应该是政府一方的事情，市民应该调动起充分的积极性和主动性，广泛地参与社会公共事务的管理活动，唯此才能更好地推进“阳光政府”的建立。

2.2.2 新闻发言人制度：使“阳光政府”运转起来

“阳光政府”的实现，关键在于“公开何种信息”和“如何公开信息”。特区政府提出“公开高官财产申报材料”及“新闻发言人制度”的设想，某种程度上正是对“公开何种信息”及“如何公开信息”的响应，显示出第三届特区政府建立“阳光政府”的基本思路。在这个意义上讲，新闻发言人制度肩负着“使

‘阳光政府’运转起来”的使命，它是“阳光政府”得以实现的重要依托。

从理论上看，新闻发言人制度的建立需要解决四个基本环节的问题，才能真正促使阳光政府的实现。首先，新闻发言人制度要确定信息公开的内容边界，即明确哪些信息是需要公开的，哪些信息不能公开，“公开何种信息”是新闻发言人制度的先决前提。其次，新闻发言人制度重在规范信息公开的方式，“规范信息公开”是新闻发言人制度的核心任务。再次，新闻发言人制度的主要目的在于实现政府与媒体、公众的双向沟通，达成社会善治，提高政府管治能力，“促进政社沟通”是新闻发言人制度的基本目标。最后，新闻发言人制度有助于实现公民的知情权，使公众更好地参与和监督政府管理活动，推进民主政治，“满足公民知情权”是新闻发言人制度的价值依归。

（一）“公开何种信息”为先决前提

所谓的新闻发言人制度，“实质上是一种新闻发布制度，其职责是由国家、政党、社会团体任命或者指定的专职发布人员，在一定时间内就某一重大事件或者时局问题，举行新闻发布会或约见个别记者，发布有关新闻或阐述政府立场观点，并代表政府或者部门回答相关问题”。[①] 从传播学的角度看，在新闻发言人制度中，传播主体主要是政府，传播对象是全体公众，传播内容是政府信息或社会信息。可见，新闻发言人制度本质上是政府向社会公众传播相关公共信息的一种制度安排。

进一步讲，除了通报重大疫情灾情及某些突发危机事件外，政府通过新闻发言人制度向公众传播的主要是政府信息。透过新

① 刘学燕：《浅析我国政府新闻发言人制度的效能性和局限性》，《成都行政学院学报》2009 年第 4 期，第 15 页。

闻发言人制度，政府将政策和法律法规公布于众，向公众介绍、解释、宣传政府政策，比如政府预算、政府支出、政府收入、政府投资等方面的情况，让公众更全面更深入地了解政府的运作和表现，从而促使政策透明，推动政务公开。

由此，新闻发言人制度的完善，首先要规定政府信息公开的范围，只有明确了政府信息公开的边界，清楚什么样的信息应该公开，什么样的信息不可以公开，才能从根本上和源头上保证新闻发言人制度的健康发展。在西方发达国家，政府一般都制定相关的法律规定什么信息必须公开，什么信息不可以公开。例如，美国的《信息自由法》就依照“政府信息公开是原则，不公开是例外”的原则，规定政务主体的信息应该予以公开，而例外事项则为不宜公开的国家秘密、商业秘密和个人隐私。

（二）“规范信息公开”为核心任务

根据传播学理论，只有确保“信源”的精确和“通道”的顺畅，才能真实、有效地传播相关的信息。同理，在新闻发言人制度中，政府除了要明确公布信息的范围外，如何规范信息公布，促使信息能够有效地传播，就成为新闻发言人制度设计中的核心环节。一般来说，成熟的新闻发言人制度，要求政府能够将相关的信息及时、真实、准确地传播给公众，并和公众形成双向沟通，不断提升新闻发言人的专业化和职业化水平。

首先，政府需要通过新闻发言人制度提供准确的、及时的信息，对社会的各种要求以致猜疑进行快速响应。随着互联网传播的发展，人们往往处于一种“信息爆炸”的状态，在纷繁复杂的信息中难以辨别信息的真假。特别是在诸如“SARS”等突发危机事件下，政府如果无法及时传播相关的信息，可能会谣言四起，造成社会不稳定。而如果政府能够在第一时间对社会相关的传言进行响应，并给出权威和准确的信息，使公众能及时了解事实的真相，避免不实消息的流传，会有助于社会稳定的维护。

其次，在新闻发言人制度中，政府需要通过官员与传媒、公众的互动，与社会形成互相了解和双向沟通。新闻发言人制度的要旨，不仅要求政府发布相关信息，更重要的是通过政府与传媒的互动交流收集社会的意见回馈，从而掌握公众需求，了解社情民意。此外，通过与媒体的互动交流，政府还可以达到宣传政策、争取民意的目标，也就是“运用公共关系的作为去影响媒体及民众的想法或争取民意，进而协助制定有利社会整体发展的公共政策或化解政策推动的阻力”。[①] 也正是在这个意义上，新闻发布之后新闻记者与新闻发言人的对话，往往更受到关注和重视。

最后，新闻发言人制度要走向规范化，需要不断提升新闻发言人的专业化和职业化水平。有学者分析指出，“新闻发言人作为比较规范的制度确立起来，应该包括三个方面：一个是新闻发布会的有关规定和程序，第二个就是新闻发言人的基本素质和要求，第三个就是关于新闻发言人的培训和提高”。[②] 可见，新闻发言人职业化和专业化水平的提升，是新闻发言人制度走向规范化的重要标准。在新闻发言人的制度实践中，需要加强培训，提高新闻发言人的沟通技巧和应对传媒的能力。

（三）“促进政社沟通”为基本目标

从西方国家的实践来看，新闻发言人制度是协调政府和媒体以及公众之间关系的润滑剂。在现代民主社会，传媒被称为“第四权力”，传媒与政府的关系是一种互相合作又互相监督的关系。新闻发言人制度要求政府妥善处理好政府与传媒的关系，充分与

① 卜正珉：《公共关系——政府公共议题决策管理》，扬智文化事业股份有限公司，2003，第 142 页。

② 陈晓莉：《纵论中国政府发言人制度》，《国际公关》2006 年第 2 期，第 333 页。

各类媒体建立交流和联系，有效地减少或消除因信息不透明而造成彼此间的误解和隔阂，疏导和化解矛盾，消除社会冲突和裂痕，促使政府和公众融洽相处。因此，新闻发言人的基本目标，在于达成政府与社会的良好沟通，促使政府和公众相互理解，增强社会的凝聚力和价值认同。

新闻发言人在与媒体建立互动关系的过程中，需要掌握好“公众利益代言人”的角色定位，确保对公共利益的恪守。“政府部门的发言人最好以建立全民共识、代表国家利益为角色扮演的基调，在发言时，尽量不要有太强烈的角色形象，以免外界质疑其立场带有个别政党、利益团体或其他特定对象的色彩。”[①] 此外，政府还需要坚持诚信、坦诚的基本原则来对待传媒，以真正实现政府与传媒的互信互谅，优化政府与社会的沟通效果，提升政府在公众心目中的形象和认受性。

（四）“满足公众知情权”为价值依归

知情权（the right to know）又称了解权或知悉权，就广义而言，是指寻求、接受和传递信息的自由，是从官方或非官方获知有关情况的权利，就狭义而言则仅指知悉官方有关情况的权利。[②] 在当代信息社会，知情权被视为公民的重要权利，许多学者和机构都提出“自由地获取知识和信息是现代公民的一项基本权利”。[③] 在新闻发言人制度中，政府向媒介并通过媒介向公众传递公共信息，从其运作机理上来讲就是对公民知情权的满足。从这个意义上讲，新闻发言人制度的价值，就不止于促进政府和社会

① 卜正珉：《公共关系——政府公共议题决策管理》，扬智文化事业股份有限公司，2003，第169页。

② 张庆福、吕艳滨：《论知情权》，《江苏行政学院学报》2002年第1期，第106页。

③ 张衡、丁波涛：《公众信息获取权的法理基础——基于知情权的研究》，《图书情报知识》2009年第5期，第94页。

的良好沟通，更在于推进公民民主权利的实现。

西方国家非常重视公众知情权的保障。政治学经典作家洛克、黑格尔等人在很早以前就强调国家行为公开的必要性。二战后不久，美国便开始了知情权的运动，联邦政府先后出台了《信息自由法》《阳光下的政府法》等保障公民知情权的法律。德国、日本、澳大利亚、韩国等国也制定了相关的法律保障公民的知情权。《世界人权宣言》第 19 条规定，人人有权享有主张和发表意见的自由，此项权利包括持有主张而不受干涉的自由和通过任何媒介和不论国界寻求、接受和传递消息和思想的自由。

随着公民意识的逐步觉醒，公众对提升政府行政透明性的要求越来越高，对破除大众传媒垄断和随意处理信息的希望也越来越强烈，公众知情权的保障不断得到发展。作为满足公众知情权的制度设计，新闻发言人制度承载着保证公民了解政府政策和运作的重任，而了解政府政策和运作是公众参与的前提和基础，因而新闻发言人制度内在地具有推动公众参与、推进协商民主的深层价值。

2.3　精兵简政

“精兵简政”是第四届特区政府治理的重要发展战略，其主要思想体现为“精兵”和“简政”，其中“精兵”和“简政”又有各自的基本内涵。当中，“精兵”主要体现在“人员精简”和“人员精干”两个层面，“简政”则主要体现在“简化程序”和“职能调整”两个层面。一方面，精兵简政的核心内涵在于控制公务人员的规模和数量，体现“人员精简”的施政理念。回归以来，澳门公职人员的人数不断增加，澳门公务人员数量由回归初期的不到 2 万增加至 3 万，大概 16 个澳门居民就有 1 个公务人员。为此，崔世安行政长官2014年的参选政纲特别重视人员精简和公务人员数量控制在未来五年施政中的地位，并把精兵简政作为未来五年行政改革的核心理念。崔世安行政长官在多个场合都表示过，社会意见希望政府“两不加”，即年度预算及公务员总数量不应再增加，而政府提出“精兵简政”的初衷很大程度上是缘于这“两不加”的要求而提出的。另一方面，精兵简政的另一个含义还在于行政程序的简化和减少。简化行政程序，是特区政府自成立以来便一直强调的行政改革的重点。第四届特区政府对简化行政程序的强调，也说明了行政程序过于繁杂依然是澳门公共行政的一个主要难题，是行政效率低下的基本原因。

2.3.1 精兵简政的基本内涵

崔世安先生《同心致远　共享繁荣》的参选政纲中，以“宜居篇”、“发展篇”、“关爱篇”和“善治篇”四大篇章勾画未来五年的施政蓝图，受到澳门社会各界的广泛认同。一方面，这是一份响应民意和听取民意的参选政纲，四大篇章的内容基本上响应了近年来澳门社会的深层次问题和矛盾，民生问题的内容更是一分为二地从“宜居篇”和“关爱篇”分开阐述，充分显示了崔世安先生“民生为本”的施政理念。另一方面，这并不是一份简单为响应而回应的参选政纲，政纲中不少思路体现了参选人对澳门深层次问题和矛盾的周详考虑和应对方略。

在善治篇中，政纲提出了精兵简政的核心理念，就是应对政府现有的架床迭屋、职能重叠、行政程序繁杂、行政绩效不高等问题而提出来的，冀望通过精简机构和人员，理顺部门职能，减少行政程序，提升政府效能，最终达成政府善治。

（一）精简机构与人员

精兵简政的首要精神就是精简政府的机构和人员。机构和人

员的精简是公共行政改革一直以来的改革重心，就是政府的投入要少，成本要低。即便当前时尚的新公共管理和政府绩效管理运动强调“结果导向”“结果为本”，也并不意味着当前国际流行的政府行政改革运动不重视减少政府投入。事实上，当前的新公共管理运动之所以强调“结果为本”，并不是说“投入”和“过程”不重要，而是觉得传统公共行政太过重视“投入”和“过程”而不关心“结果”，因此要把关注的观点转移到“结果”方面。换言之，减少政府成本，仍然是提升政府绩效和行政效率的基本视角。因此，精兵简政、精简机构和人员是政府改革永恒的主题，永远也不会过时。

或许有人会批评，政纲提到的政府行政改革的方案缺乏新意，其着眼点和关注点仍然是减少机构和人员的陈词旧调。但不可否认，机构臃肿、官民比例较高确实是澳门当前行政改革面临的最大问题。回归以来，澳门公务人员的数量由 1.8 万人增加到超过 3 万人，增幅超过 2/3。同时，新成立的咨询机构和项目组的数量增长过多，成为社会诟病政府公共行政的最大问题。因此，精简机构和人员的改革思路，是一种基于澳门公共行政的问题而提出的比较务实的改革策略。如果为了追求时髦，不从澳门的实际情况出发而一味追求国际公共管理改革提倡的分权化和市场化改革，那么改革也就将容易会流于口号化和形式化。

当前国际公共行政改革强调“结果导向”，人员和机构的精简是必要的，但也不是绝对的。就像有社会意见指出的那样，由于政府管理的事项日益多样化和复杂化，一些相应的人手增加也是必要的。因此，精简机构和人员的理念并不意味着一定就要裁减机构和人员，而是更多地强调政府机构和人员的设置是有合理的依据，应该有节约政府成本的意识。

（二）理顺部门职能

精兵简政内在地包含“统一”的精神，统一政府行政管理的指挥命令协调体系化，理顺政府部门之间的职能关系。从某种程度上看，政府管理和一般企业管理的原理是一样的，就是要通过各个职能组织部门间系统适当的分工和合作来完成政府高层的任务，使政府的官僚管理机器有效运转起来。由此，理顺组织部门之间的职能关系，建立合理、统一的组织架构是有效管理和有效行政的基本前提条件。

部门的职能归属设置不合理、职能重叠、政出多门，是澳门公共行政面临的主要难题，尤其是工务部门的职能重叠、市政署与其他职能部门重叠的问题显得尤为突出。对此，早前政府的施政报告和方针中就曾经致力于通过职能归并、整合的方式来解决职能重叠的现象。在实践中，特区政府也启动了剥离市政署职能到其他职能部门的工作，取得了一定的成效。然而，如果要从根本上理顺政府职能，则需要在整个特区政府部门的层面进行职能调整和重组，从总体上和根本上理顺政府间的职能关系和权责关系。正如政纲指出的，“适时进行必要的职能调整，提升部门的执行能力，力求最大限度地减少职能重叠、权责不清的问题”。换言之，就是要通过理顺职能关系来进一步明确部门间的权责关系，进而形成一套权责明确、统一有序的命令执行链条，提升政府的执行力。

部门职能调整既有静态层面的法律规定的职能调整，也有动态层面的职能合作的分工协调。由此，在实践中，就不仅需要通过改革和优化相关制度法律规定来理顺规范层面的部门权责关系，同时也需要不断建立和完善跨部门合作机制使运作层面的部门职能关系更加清晰。这就需要不断完善当前澳门跨部门合作小组的合作机制，重视跨部门合作中权责机制、协调机制和信息共

享机制的建立，避免出现跨部门合作中责任空心化的问题，激励跨部门合作中的部门的工作积极性。

（三）减少行政程序

精兵简政也包含减少行政程序的含义，“简政”不仅是精简政府机构，也要精简行政程序。过程控制和过程控制的思想是传统官僚制的核心精神，通过程序的规定控制人员和规范人员，把官僚体系中的人员约束在既定的制度框架下，实现程序正义，这是官僚制的典型特征。但过多的程序容易降低人的积极性，使人成为机械化的“螺丝钉”，凸显官僚制“非人格化”的弊端。行政程序的层层规定，是政府行政效率低下的重要原因，行政程序以及随之而来的红头文件，也成为改革和摒弃官僚制最正当的理由。

一直以来，澳门特区政府也普遍信奉照章办事、过程控制导向，存在“多做多错、少做少错、不做不错”的行政文化和观念，公务人员只要遵纪守法，就可以有很稳定的职业和优厚的报酬，由此相当一部分公务人员缺乏积极贡献能力的主观能动性。

因此，行政程序过于繁杂，是影响澳门公共行政效率的最主要的和深层的原因。如果行政程序简化了，政府公共人员的很多工作就可以从中释放出来，而不用疲于奔命地把很多精力放在完成形式化的、不必要的行政程序和环节上。庆幸的是，参选政纲体现了对官僚体制下繁文缛节导致行政效率低的弊端的觉醒意识。政纲明确提出，“致力深化行政改革，精兵简政，减少不必要的行政环节，整合同构型较高的工作程序”。如果能真正按照参选政纲的思路全面检讨行政程序，特别是减少一些形式化的行政程序，就可以减少很多不必要的行政工作量，有望达到精简机构人员和提升行政效率的双重的目的。

（四）提升政府绩效

精兵简政还蕴含着“效能政府”的理念，也就是说政府公共行政管理不仅成本要低、过程要快，而且结果要好。“效能政府”其实也就是“绩效政府”的理念。事实上，“精兵简政”是建设绩效政府的不二选择和必要前提。试想一个成本高昂、职能重叠、程序繁多的政府，怎么可能是一个绩效良好的政府？政府绩效评估是评估主体对评估对象作了什么进行评估的过程，假如部门的职责不清，部门工作目标不明，评估主体对政府部门应该做什么都不清楚、不明白，那么就无法顺利开展政府绩效评估的工作。因此，精兵简政是政府绩效管理制度不可分离的一部分，是良好的政府绩效管理制度的起始环节。

由此，精兵简政的改革思路与澳门特区政府着重推进的政府绩效治理制度和管理制度的建设是一脉相承的。政纲提到了，“建立各级政府部门的责任制，完善领导官员绩效评和制度，实现官员问责制度与领导官员绩效评审制度的结合”。领导官员绩效评审制度以及其与官员问责制度的结合，正是当前澳门政府绩效管理制度的两大基本内容。我们相信，实现精兵简政，减少政府成本，解决职能重叠，简化行政程序，明确权责关系，将能有效解决领导官员评审制度中评价事项不清晰和官员问责制中问责事项不明确的问题，进而有力推进领导官员问责制和官员问责制在澳门的不断完善。

2.3.2 精兵简政的战略重点

精兵简政理念更多地强调政府通过减少成本、简化程序以及厘清职能等等措施来实现政府的精简，通过电子化服务、流程改善、简化行政程序等手段来达成提升政府绩效的目的。归根到底，精兵简政要建立的是一个能干的精炼的公务人员团队，一个职能清楚、程序简化的政府，至于其总体规模的大小，事实上与精兵简政没有必然的关系。就如阿什比定律“必要的多样性”所揭示的一样，“管理系统的复杂性需要与管理对象系统的复杂性相适应”。[①] 因此，政府规模不可能永远不扩大或处于一种削减的态势，而是需要与社会事务管理的复杂性相适应，这是在落实“精兵简政”理念时所必须清晰的，精简的合理参照物应该是社会事务管理的复杂性而不是以往政府的规模。

2016 年，特区政府以“保经济、重民生、稳发展”为主题的政府施政报告的“深化公共行政改革”部分，对“精兵简政”的发展战略有了更为具体和明确的描述，体现了“人员精干”和“职能重组”两大战略重点。

（一）“精兵”：既要人员精简，更要人员精干

“人员精简”是“精兵简政”首要的内涵和任务。和其他国家和地区不大一样，澳门特区政府在强调实现“人员精简”的目标中并没有提及“裁减人员”，而是强调“控制公共行政开支的增长”，即主要通过控制人员规模以实现控制政府规模的目的。事实上，“控制公共行政开支的增长”不等于说政府不能再增聘人员，在医疗和保安范畴人员缺乏比较严重的情况下，特区政府在 2014 年底依然做出了增聘 2000 多人的计划。对此，有很多社会意见提出了质疑和批评，但就特区政府关于“人员精简”主要理解为“控制公共行政开支的增长”的角度看，增聘必要的人手和精兵简政确实不构成实质的矛盾和冲突。

“精兵”的另一层核心含义是“人员精干”，即致力于提升人员的能力。在这方面，行政法务司陈海帆就曾公开表示过，“精

---

① 李亚、李习彬：《行政体制改革与阿什比定律——关于我国政府管理模式变迁的控制论解释》，《北京行政学院学报》2006 年第 5 期，第 20 页。

兵是建立优质公务员队伍，响应市民需要及把特区政府施政理念付诸实施，让市民和政府互信”。[①] 另外，陈海帆司长在2015年3月的首次施政方针答问会上，也提到“精兵简政四大工作是推动行政架构调整、提升行政效率、优化公职人员管理、提升公务员依法施政能力”。[②] 由此不难看出，自特区政府提出“精兵简政”的发展战略以来，“精兵”主要的重心是“优化人员能力”的方面。

从2016年施政报告的表述看，通过“中央”招聘制度、一般工作人员绩效评核制度、领导官员绩效评核制度、分级薪酬制度以及职程的制度改革，实现“人员精强”的目的，是特区政府下一步公共行政改革的主要内容。可见，“人员精干”作为“精兵”的战略重点在2016年的施政报告中得到了进一步的确认。换言之，特区政府基本上已经把“精兵”的重心锁定在“人员精干”方面。“精兵”的“精”的内涵，除了适度控制政府规模和人员不要过多膨胀之外，更多的是人员的精强干练，即政府能够招聘和任用到有能力的人员，人员能够在适合的岗位上充分发挥主动性和能动性，实现人员能力和岗位要求的匹配，贡献个人对组织最大的能量。

（二）简政：既要简化行政程序，更要推动职能重组

“简化程序”和“职能重组”是“简政”的主要内涵。简化行政程序，是特区政府自成立以来一直强调的改革主调。行政程序过于繁杂，是澳门公共行政改革的主要难题，也是行政效率不尽理想的根本原因。由此，简化行政程序理应成为“简政”固有的目的和内涵，以最终实现提升行政效率的目的。除此之外，

① 《陈海帆重申精兵简政乃施政重心》，《华侨报》2015年4月23日，第11版。

② 《陈海帆：四工作精兵简政》，《澳门日报》2015年3月17日，第B01版。

“简政”另一个核心内涵是“部门职能重组”。职能交叉下衍生出的政出多门、分工不清、责任不明等弊端是行政效率不高的深层次原因。因此，整合政府相关部门的职能，用“大部制”的思路合并职能相关的部门，以节省行政成本和协调成本，也是“简政”的应然要义。

从精兵简政在澳门的实施情况来看，“职能重组”更为受到政府和社会的关注。“职能重组”是因应特区政府存在的部门职能重叠所带来的负面效果而提出来的。其实，职能重叠是政府管理存在的客观现象，职能重叠本身并不可怕。问题就在于，如果处理不当，职能重叠在政府管理的实践中会带来很多的负面效应，会导致出现机构膨胀、人员冗余的情况。这是因为，多部门管理所需要的人员必然高于单部门管理所需要的人员。“在部门设置过多的情况下，每个部门都相对独立，自然会有各自相应的一套内部机构和人员，所谓‘麻雀虽小，五脏俱全’，从而引起机构膨胀和人员臃肿。”① 因此，机构合并和部门合并可以帮助实现人员的精简，这是特区政府将“职能重组”作为“精兵简政”战略重点的内在原因，这正如陈海帆司长所提到的一样，“通过人手及职能理顺，令人手更科学化，有些部门合并后，便有人手释放出来，将一些合并后多出来的人手，透过横向流动转到有需要的部门”。②

此外，职能重叠还可能衍生互相扯皮、互相推诿以及权责不清等问题。而一旦权责不清就会问责不明，导致官员问责在澳门难以全面展开和落实。因此，职能重组、理顺部门间关系，对进

① 陈天祥：《政府机构改革的价值逻辑——兼论大部制机构改革》，《中山大学学报》（社会科学版）2012 年第 2 期，第 155 页。

② 赖秀华：《迎难而上——访行政法务司司长陈海帆》，《商讯》2015 年 8 月，第 41 页。

一步提升特区政府的行政效率及服务质量和市民对政府的公信力，以及为官员问责制提供一个权责清晰的问责制度基础，都有着十分重要而迫切的现实意义。

2.3.3 精兵简政的制度依托

2016 年以来，“精兵简政”的发展思路和发展策略愈发清晰和明朗。在如何实现“人员精干”和“职能重组”方面，特区政府已经有了一系列的制度创设和改革设想，“精兵”和“简政”并不是遥不可及的空中楼阁，而是有着较为明确的制度依托。其中，包括中央招聘制度、评核制度、职程制度等公职制度的检讨和改善是“精兵”的主要发展方向，而“大部制”及跨部门合作机制的构建是“简政”的主要发展方向。

（一）“精兵”的制度依托：公职法律的全面检讨与改善

“人员精干”的目标理念，归根到底要落实到公务员制度的全面检讨即对公职法律制度的系统梳理与改革上。回归以来，公职法律制度几经变革，取得了一定的成效，但诸如“中央招聘”人员评核等制度改革之后留下了不少后遗症，在解决旧有问题的同时又引发新的问题。由此，对公职法律进行全面的检讨和改革十分必要，否则尚有的诸如“分级调薪”的改革又可能走“头痛医头、脚痛医脚”的老路。就此而言，2016 年的施政报告较为体系化地提出要对包括“中央招聘”制度、一般工作人员绩效评核制度、领导官员绩效评核制度和职程制度等在内的公职法律制度进行检讨和改革。

一是实行“中央招聘”制度的改革。“中央招聘”制度实施以来，由于过度强调招聘的“公正性”而忽略了招聘的“配对性”，一定程度上出现了“矫枉过正”的问题。当初“中央招聘”制度的推出，主要是对于解决部门招聘可能有的“任人唯亲”的

空间，而把招聘权回收到公职局这个“中央机构”上面，并且实行了应聘人员与用人单位的“双盲选择”机制。这导致诸如部门难以招聘到合适的人员、人员难以找到心仪的岗位或部门以及招聘周期过长等各种弊端的产生。由此，2016 年的施政报告提出“用人以能、任人唯贤、双向选择的原则，实行统一集中、两级考试，提升招聘质量与效率”的改革思路，首先从“人员引进”环节上确保招聘到与岗位需求相匹配能力的人员，为实现人员精干打下基础。

二是启动一般工作人员绩效评核制度的改革。公共行政工作人员工作表现评核制度自 2004 年推行以来，无论是一般人员的评核还是主管的评核，在很多情况下都被诟病为“形式化”“走过场”，无法形成其对人员晋升、人员激励、人员选拔中应有的刺激作用。当中最为突出的问题是，由于评核结果绝大多数都是“十分满意”，使得制度难以发挥区分鉴别人员绩效的实质性功能，也就很难实现制度对人员的激励功能。由此，如何对一般工作人员表现制度进行改革，从评核主体、评核指针、评核程序、评核分数等方面检讨当前一般人员工作表现评核制度的问题及改革对策，也是全面检讨公职法律制度中不可绕过的环节。

三是完善领导官员绩效评核制度。领导官员绩效评核制度是特区政府 2013 年提出建立政府绩效治理制度中所重点强调要构建的制度。2016 年的施政报告在 2014 年施政报告“研究引入中立评审机构的可行性”的基础上，决定“将第三方评价正式纳入领导官员绩效评核制度”。这一做法将一改之前单独由上级评核的单一做法。引入外部评价机制，既可以实现主体多元化、评价客观化的目的，也间接强化了社会和公众对政府的监督作用和制约作用，吻合“服务导向”“公众导向”的国际公共行政改革趋势和潮流，对“绩效导向”行政文化的形成有着重要的形塑和推动作用。

最后是全面检讨公务人员职程制度。公务员薪酬制度的改革动因主要是基于特区政府进行公务员分级调薪的制度构想，以在调薪幅度上更多照顾基层公务员。然而，澳门公务人员的薪酬制度和晋升制度都是内嵌于澳门的职程制度当中，由此关于薪酬制度的改革必定牵涉职程制度的改革。正是在这个意义上，2016 年的施政报告提到，“政府将完成《公务人员职程制度》的全面检讨，从而为分级调薪提供制度基础”。而众所周知，公务人员职程制度是整个澳门公职法律制度的基础和核心，对公务人员职程制度的全面检讨意味着澳门公职制度将可能面临一场全新的变革。

（二）“简政”的制度依托：机构合并及跨部门合作机制

2016 年的施政报告在理顺公共行政架构职能方面提到，“两年内完成 15 项公共部门和组织的调整、职能重组工作，从而实施精兵简政。强化公共部门间的协调机制，加强政府内部跨部门合作，提高政策执行力”。这表明，“简政”的制度安排主要依托机构合并及跨部门合作机制两个方面的制度设想。

机构合并并不是解决职能重叠负面效应的万灵药，在制度储备和应用上，解决职能重叠的可能弊害，除了合并机构的“大部制”之外，还要大力发展跨部门合作机制。只有在大部制和跨部门合作机制两种制度相互配合、双管齐下的条件下，职能重组才能顺利开展和落实。

所谓的大部制就是进行机构和职能的整合，将职能相近的部门合并到一起，实现职能有机统一，从而减少部门间的协调成本，是解决职能重叠负面效应的常用方法。大部制的运作机理其实很简单，即把部门之间的平行协调变成部门内部的等级协调，从而降低协调成本。然而，大部制在政府管理的实践中也会遭遇不少阻力和困难。首先，大部制不是部门越大越好，大部制虽然有通过等级制的形式降低组织间协调成本的优点，但与此同时，

大部门会增加内部管理上的难度。其次，大部制在整合机构的过程中，如何形成新的部门文化，化解先前各个分部门的文化分歧，也是一个不小的难题。

由此，澳门特区政府在进行机构整合的过程中，不能追求一味的整合和合并，而是要根据公共服务的性质加以判断。有些公共服务按照集约式的管理方式更为合理，而有些公共服务则依照分散化的管理模式更为有利，不能一刀切，不能过于迷信“大部制”。而且，在推行机构整合和归并的道路上，应该充分认识到“大部制”内在的风险和阻力，例如文化上的不契合、等级制的内在弊端等问题，从澳门的实际情况出发渐进有序地推进改革。

沿着这种思路，澳门进行职能重组的关键在于：在进行机构整合的同时，要不断完善既有的跨部门合作机制。不可否认，澳门已经建立了跨部门合作机制。然而，从跨部门工作机制运行的实际成效来看，跨部门合作小组的工作成效未如人意，与市民要求存在一定的差距。完善澳门的跨部门合作机制，不妨考虑着眼于从协调部门利益关系、建立正式结构和非正式结构相结合的合作机制、建立纵向协调和横向协调相结合的多层次协调机制以及增强部门间的互相信任和信息共享等几个方面进行制度设计。

总而言之，2016 年的施政报告将“精兵简政”的发展思路进一步明确化和层次化，形成了从澳门实际出发，有澳门特色的“精兵简政”发展策略。它带出了这样的信号：质量比数量更重要，政府人员的能力提升比人员数量的精简更重要、政府职能的理顺比机构数量的精简更重要。这并非在否认精简人员机构数量的重要性，而是强调精兵简政不是简单等同于人员机构数量的减少，精兵简政的最终目的依然要回归到提高公共服务质量和政府治理能力上，如果公共服务质量能够进一步提升的话，那么必要的人员和机构数量的增加终究是可以接受的。

第3章　政府改革的基本路径

回归以来，澳门特区政府推出了多项行政改革，包括公务人员的各项法律制度改革、政府内部管理的诸项改革以及改善政府和社会关系的改革，等等。当中，公共服务质量的改善、电子政务的推广、公众咨询的优化、部门职能的理顺，是当中最要重要和基本的四个方面。

3.1　改善政府公共服务质量

制定公共服务标准、评价公共服务质量、奖励优质公共服务，是政府公共服务质量持续改进的基本流程。澳门特区政府在改进公共服务质量的实践中，主要措施是引入ISO质量国际认证，设立公共服务评审委员会机制，实施市民满意度评估计划以及设立政府优质服务奖。改进澳门特区政府公共服务质量的主要方向是超越服务承诺制、引入第三方政府绩效评估以及强化公民参与。

3.1.1　改进政府公共服务质量的一般流程

关于政府公共服务质量，有不同的定义和理解。有学者认为，“政府公共服务质量是指民众第一次及每一次接受政府服务时，该服务均能满足民众的期望和需求”。[①] 有学者将政府公共服务

① 张成福、党秀云：《公共管理学》，中国人民大学出版社，2001，第311页。

务质量定义为，“民众每次接受政府服务时，该服务所能满足民众的期望与需求的程度”。[①] 也有学者指出，“公共服务质量是政府部门提供服务过程中所使用的方法与手段、公众对政府公共服务的满意程度、政府提供公共服务的态度以及政府所表现出的社会效果与管理能力的总称”。[②] 可见，政府公共服务质量是一个“关系”范畴的概念，政府公共服务质量的高低及好坏并非决定于政府的主观认定，而是取决于能否满足作为公共服务消费者和享受者的公众的需求和期望。正是在这个意义上，有学者提到，“任何产品或服务的质量特征和特性都必须满足顾客的要求，只有顾客才是最终决定质量的主体。为此，‘以质量为中心’也可以理解为‘以顾客为中心’”。[③] 由此，优化政府公共服务质量，本质上体现了“公众导向”的政府服务文化，是建设服务型政府的应然要义。

从运作层面看，改进公共服务质量是一个持续的动态发展过程，可分为不同的序列和阶段。从当前国内外的实践来看，公共服务质量持续改进是环环相扣的运行过程，基本的流程主要包括制定公共服务标准、提供公共服务、评价公共服务质量、奖励优质公共服务，从而最终达到改进公共服务质量的目的，如图 1 所示。

在公共服务质量持续改进的实践过程中，制定公共服务标准、评价公共服务质量、奖励优质公共服务，是最为核心和基本的环节。当中，评价公共服务质量由可以区分成自上而下的政府

---

① 林尚立：《国内政府间关系》，浙江人民出版社，1998，第 29 页.

② 蔡立辉：《论当代西方政府公共管理及其方法》，《中山大学学报》（社会科学版）2003 年第 2 期，第 30 页。

③ 张锐昕、董丽：《政府全面质量管理的缺陷及其纠正》，《社会科学战线》2013 年第 11 期，第 244 页。

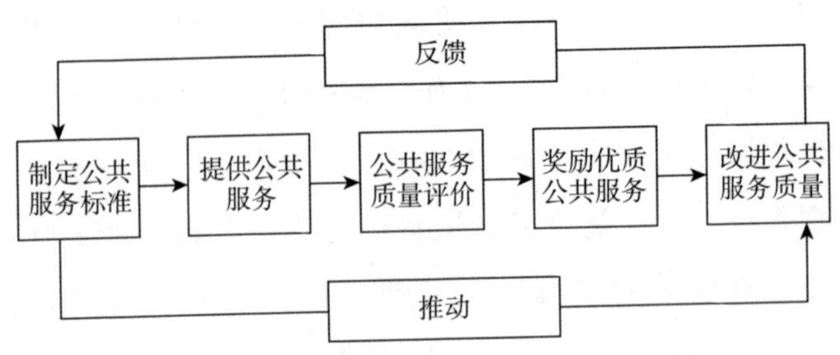

图 1　公共服务质量持续改进的实践过程

资料来源：陈振明、耿旭：《公共服务质量管理的本土经验——漳州行政服务标准化的创新实践评析》，《中国行政管理》2014 年第 3 期，第 15 页。

评价公共服务质量以及自下而上的公众评价公共服务质量两个方面的内容。

首先，不少国家和地区都是通过设立服务宪章、引入国际质量认证的方式设定公共服务标准。所谓服务宪章，“实际上就是明确制定顾客可期得到公共服务的质量与水准的文件。在出台并公布这些文件时，公共组织必须声明承诺保证达到这些服务标准”。[①] 从 20 世纪 80 年代以来，世界各国尤其是西方发达国家主要通过“服务宪章”的形式引入公共服务标准。比如美国政府的《顾客至上：服务美国民众的标准》、加拿大政府的《政府公共服务 2000》、意大利政府的《服务宪章》、爱尔兰政府的《优质顾客服务行动》、希腊政府的《公民宪章》等等。此外，很多国家和地区在政府部门中还引入诸如 ISO9000 的国际质量保证标准来制定公共服务的标准、规范公共服务的流程，推崇服务设施标准化和服务供给流程化。服务标准化的好处在于，通过政府对标准化公共服务的承诺，形成公众舆论监督履行政府兑现承诺的外部压力，促使政府不断提高公共服务的水平和质量。

① 谭功荣：《欧洲服务宪章运动：背景、原则、战略及启示》，《国家行政学院学报》2004 年第 6 期，第 90 页。

其次，通过自上而下的专业评价模式开展较为客观的公共服务的质量评价和认可。在制定公共服务的标准之后，不少国家和地区的政府都会依据既定的标准对各个部门的服务质量进行检查，对合格的公共服务质量进行认证。一般来讲，政府会从公共服务供给的硬件设施、人力资源等投入进行成本效益分析，主要运用统计数据来衡量实际绩效水平与预期绩效水平之间的差距，试图较为客观地评价服务人员的服务质素，预测公众服务需求的变化，了解资源运用的方向，找出各项公共服务的改善次序。

再次，通过自下而上的公众评价模式进行公众满意度调查的公共服务质量评价。在提升政府公共服务质量的各项环节上，除了政府自身进行质量评定和认可之外，公众感知型的质量评价更是受到了更大的关注。公众感知型的质量评价是一种主观测量，“是通过了解利益相关者对绩效的满意程度而获得所需要的绩效评估结果，其常用的方法是满意度问卷调查”。[①] 实践表明，基于公民满意度调查的公众评价模式对公共服务质量、公共服务绩效和公民满意度都产生了非常正面和积极的影响。当前，公众满意度调查“已经是一种较为成熟的公共服务质量评价模式，它将公众对公共服务质量的感知界定为公众对公共服务的预期和现实之间的差距”。[②] 特别是进入20世纪90年代以来，随着顾客满意度测量技术的不断发展和成熟，通过公民参与来提升政府公共服务质量和绩效的实践更是逐步普及化，很多具体公共服务领域都展开了市民对政府公共服务的质量评价调查。这些质量评价调查以公共服务的市民满意度作为测量和改进公共服务质量的主要依

① 陈天祥、宁静：《社会建设绩效测量：一项公民满意度调查》，《中山大学学报》（社会科学版）2010年第2期，第171页。

② 韩万渠：《公共服务质量评价机制及其路径创新》，《中国特色社会主义研究》2015年第5期，第55页。

据，在增进市民与政府沟通的同时，加强了公众对政府公共服务的认受性。

最后，奖励优质公共服务的部门，即对在提供公共服务上表现出色和卓越的部门和机构授予荣誉称号。设置公共服务质量奖，是许多国家和地区不断优化公共服务质量的主要手段和机制。不少国家、地区以及国际组织通过公共服务质量奖来激励各个部门进行公共服务的改进与创新，比如“联合国公共服务奖”“欧洲公共部门服务奖”“美国政府创新奖”“澳洲地方政府品质奖”“加拿大卓越公共服务奖”等。[①]

3.1.2 澳门优化公共服务质量的实施状况

澳门特区政府成立以来，强调要建立“以民为本”的服务文化，更好服务市民，以高质素、高效率的公共服务响应社会发展的需要。回归以来，澳门特区政府致力于全面优化政府公共服务，提升政府公共服务质量，主要的措施包括：推出服务承诺计划和认可制度，成立公共服务评审委员会，进行市民满意度评估，同时逐步引入公共部门的 ISO 9001：2000 质量管理系统国际认证，建立“建议、投诉和异议的处理机制”，设立政府服务优质奖，等等。其中，引入 ISO 质量国际认证以制定服务标准，成立公共服务评审委员会进行服务质量认可，进行市民满意度评估计划以及设立政府优质服务奖，是最为主要的措施和机制。

（一）服务标准化：服务承诺及 ISO 国际认证

澳门特别行政区政府制定公共服务标准主要体现在两个方面，一是相关的部门制定公共服务的承诺，主要是公共部门有效

① 陈振明、耿旭：《公共服务质量管理的本土经验——漳州行政服务标准化的创新实践评析》，《中国行政管理》2014 年第 3 期，第 16 页。

提供服务时间的承诺；二是有些公共部门逐步引入 ISO 9001：2000 质量管理系统国际认证。这两个层面的服务标准化，旨在使各政府部门更好地检视和改善公共服务。

一方面，不少公共部门制定服务承诺。服务承诺计划规定，参加服务承诺计划的部门不仅需要向公众公开各项服务质量指标的书面承诺，而且要有效地让公众知道部门有关服务及获得服务的手续和途径，在接受服务之前知道衡量服务优劣的服务质量指标、知道如何就服务质量问题向部门反映意见、知道部门履行承诺的情况等。[①] 以下以澳门劳工局的服务承诺为例进行说明，如表 1 所示。

表 1　劳工局的服务承诺

序	服务项目	服务质量指标	
1.	招聘登记	1	15 分钟内接待办理招聘登记人士
2.	求职登记	2	15 分钟内接待亲临咨询求职手续的人士
		3	15 分钟内接待求职登记的人士
3.	发出申请社保津贴之各项声明书	4	确认符合申领条件后第 3 个工作天领取申请失业津贴的确认书
4.	劳资问题咨询	5	15 分钟内接待就劳资问题作咨询的人士
		6	2 个工作天内以电话回复透过 2840 0333 录音服务就劳资问题所作咨询的人士
5.	涉及劳动保护方面及劳资权益方面之服务	7	20 分钟内接待提出举报或投诉的人士
		8	在咨询服务中提出投诉的人士均会实时获发《投诉回条》
		9	具有明确联络地址的投诉函件；个案衍生的新投诉事项而需开立个案处理；以及更改负责人员处理，5 个工作天内将透过邮寄书面通知投诉人有关负责其个案的督察姓名和联络电话
		10	不论卷宗送交法院与否，又或投诉因理据不足而被归档，有关的投诉人和企业均会在 10 个工作天内接到通知

① 澳门特区政府优化公共服务专题网页，http://app.gov.mo/qs/iso_status。

续表

序	服务项目	服务质量指标	
5.	涉及劳动保护方面及劳资权益方面之服务	11	10个工作天内将法院对投诉个案的判决通知有关投诉人
		12	10个工作天内通知投诉人领取补偿的项
		13	作出涉及劳动范畴的投诉后的3个工作天内，投诉人可透过电话（2840 0333）咨询或联络到跟进投诉个案之督察
6.	建筑业职安卡课程	14	15分钟内接待亲临查询“建筑业职安卡”课程的人士
		15	15分钟内接待报读“建筑业职安卡”课程的人士
		16	15分钟内发出“建筑业职安卡”上课通知书
7.	职业安全健康意见	17	15分钟内接待亲临咨询职业安全健康意见的人士
		18	15个工作天内就书面咨询职业安全健康意见作回复
8.	职业健康身体检查	19	10个工作天内就书面申请作职业健康身体检查作回复
9.	职业培训课程	20	10分钟内接待亲临咨询职业培训课程的人士
		21	5个工作天就书面查询职业培训课程的数据作回复
		22	10个工作天内对非牟利团体之申办培训课程计划发表意见
		23	10分钟内接待轮候职业培训课程报名的人士
		24	5分钟内完成办理职业培训课程报名手续
		25	下一个工作天内回复或确认以电子化方式（电邮或传真）报读职业培训课程的申请
		26	7个工作天内公布职业培训课程录取名单
		27	5个工作天内发出在学或曾就读声明书
10.	宣传推广活动	28	5个工作天内安排团体预约参观职业培训厅
		29	5个工作天内安排学徒培训宣传讲座
11.	职业技能鉴定	30	10分钟内接待亲临咨询职业技能鉴定的人士
		31	10分钟内接待轮候职业技能鉴定报名的人士
		32	5分钟内完成办理职业技能鉴定报名手续
		33	5个工作天内发出在学或曾就读声明书
		34	下一个工作天内回复或确认以电子化方式（电邮或传真）报读职业技能鉴定的申请

资料来源：澳门特区政府劳工局网页，http://www.dsal.gov.mo/chinese/opt.htm。

另一方面，部分公共部门逐步引入 ISO 9001：2000 质量管理系统国际认证。截至 2015 年 10 月，澳门特别行政区政府共有 12 个部门已考取 ISO 国际认证的公共部门及相关资料，见表 2。

表 2　澳门特别行政区政府考取 ISO 国际认证的公共部门及认证类别、认证范围、首次审核时间

	部门	认证类别	认证范围	首次审核时间
1	海事及水务局	ISO9001：2008	船舶维修	2000 年 12 月
2	身份证明局	ISO9001：2008	统筹及执行关于澳门居民之民事与刑事身份数据之活动	2001 年 5 月
			发出身份证及刑事纪录证明书，并保证所载资料之确实性	
			依法就纪录所载之事实发出证明书，负责向澳门特别行政区居民发出护照及其它旅行证件，及组织非牟利法人之登记	
			负责为澳门居民办理国籍申请及居留权证明书申请；并核实身份资料	
			身份证明局建立投诉处理系统向市民提供申诉的渠道	
		ISO27001：2013	统筹及执行关于澳门居民之民事与刑事身份数据之活动	2007 年 3 月
			发出身份证及刑事纪录证明书，并保证所载资料之确实性	
			依法就纪录所载之事实发出证明书，负责向澳门特别行政区居民发出护照及其它旅行证件，及组织非牟利法人之登记	
			负责为澳门居民办理国籍申请及居留权证明书申请；并核实身份资料	
			身份证明局建立投诉处理系统向市民提供申诉的渠道	

续表

	部门	认证类别	认证范围	首次审核时间
2	身份证明局	ISO10002：2004	统筹及执行关于澳门居民之民事与刑事身份数据之活动	2009 年 3 月
			发出身份证及刑事纪录证明书，并保证所载资料之确实性	
			依法就纪录所载之事实发出证明书，负责向澳门特别行政区居民发出护照及其它旅行证件，及组织非牟利法人之登记	
			负责为澳门居民办理国籍申请及居留权证明书申请；并核实身份资料	
			身份证明局建立投诉处理系统向市民提供申诉的渠道	
3	澳门基金会	ISO9001：2008	财务及财产管理	2002 年 2 月
4	印务局	ISO9001：2008	提供图像及版面设计以及出版、印刷及装订服务	2002 年 10 月
		ISO14001：2004	提供图像及版面设计以及出版、印刷及装订服务	2008 年 12 月
		ISO27001：2013	由商业组提供图像及版面设计、出版及装订服务	2010 年 8 月
5	澳门理工学院	ISO9001：2008	澳门理工学院提供的行政服务	2012 年 4 月
		ISO/IEC20000：2011	澳门理工学院信息技术服务管理	2015 年 9 月
6	卫生局	ISO9001：2008	捐血中心	2003 年 7 月
		ISO/IEC17025：2005	公共卫生化验所质量管理体系	2005 年 12 月
			检验和校准能力，包括食品、药品、化妆品、水和废水、沉积物检验以及容量仪器校准	
			签发获认可的检验和校准能力结果授权签字人资格	
7	市政署	ISO/IEC17025：2005	水质及食品检测	2003 年 9 月
		ISO9001：2008	投诉管理系统	2004 年 6 月
			为澳门特别行政区市政署提供会计服务	2004 年 10 月

续表

	部门	认证类别	认证范围	首次审核时间
7	市政署	ISO9001：2015	为澳门特别行政区市政署提供车队管理系统	2005 年 5 月
			坑道工程的准照审批及监管、外判工程监管	2005 年 5 月
			为澳门特别行政区市政署提供文件收发管理	2006 年 5 月
			街市稽查及监管工作	2006 年 11 月
			建立及维护市政署 ISO 及其它认证管理体系	2007 年 6 月
			为澳门特别行政区市政署提供仓存管理服务	2008 年 9 月
			进口冰鲜肉类、急冻肉类及其制品、进口急冻水产及其制品检验检疫的抽样管理	2009 年 11 月
			公共坟场管理	2011 年 11 月
			为市政署管辖下的园林和绿地提供管理	2012 年 9 月
			审批市政署行政执照处管辖下的准照及许可；执行行政准照、行政许可、饮食及饮料场所牌照的行政处罚	2013 年 12 月
			提供小贩稽查及监管工作	2014 年 12 月
			提供公共地方卫生稽查及监管工作	2014 年 12 月
			市政署外判工程监管城市；楼宇新供水系统检验	2015 年 3 月
8	行政公职局	ISO9001：2015	政府信息中心及所有与其运作相关的支持单位向市民大众提供各项行政手续和政府信息、转介市民对政府公共部门作出的投诉和建议等服务	2004 年 2 月
		ISO27001：2013	为澳门特别行政区公共部门及公共实体提供数据中心服务，包括计算机托管、网络联机及监察、计算机操作支持及虚拟计算机托管	2011 年 10 月

续表

	部门	认证类别	认证范围	首次审核时间
9	社会工作局	ISO9001：2008	为社会服务设施提供与准照相关的服务	2009 年 5 月
			财务收支活动、员工薪俸处理、财务报表制定及证明书的发出	2012 年 7 月
			建立采购程序并确保按既定程序执行，建立动产管理程序，并确保按既定的程序执行工作。	2015 年 2 月
10	劳工事务局	ISO/IEC17025：2005	工作场所挥发性有机气体；工作场所的职业性噪音；工作场所的照明度；工作场所的室内空气质素；工作场所的综合温度热指数	2009 年 5 月
		ISO/IEC17020：2012	纯音听觉检查；用力依赖性肺功能检查	2009 年 5 月
		ISO27001：2013	向劳工事务局提供信息科技服务，包括信息基建设施管理、和服务台。	2011 年 6 月
11	旅游学院	ISO/IEC20000－1：2011	信息科技服务	2013 年 10 月
12	地球物理暨气象局	ISO9001：2008	提供国际航空气象服务	2010 年 11 月

资料来源：澳门特区政府优化公共服务专题网页，http://app.gov.mo/qs/iso_status。

（二）服务承诺认可制度

服务承诺认可制度是一种自上而下的政府公共服务质量评价，它由澳门特区政府设立隶属于行政法务司司长的公共服务评审委员会，负责评审澳门特别行政区公共部门及实体，以及协助政府研究及推行能提升各公共部门及实体的素质和效率的措施，尤其是服务承诺计划，两年一次进行评审。[①] 评审委员会负责订定公共部门素质及效率的评审准则；评审其素质及效率，并定期将评审结果上报监督实体；以证明书认可部门的质素和效率；对提升部门素质及效率的计划发表意见；向特区政府建议能激励部门达到更高素质和效率标准的措施等。评审结果分为“合格”和“不合格”两种。“合格”的公共部门或实体将被认可为“服务承诺持有人”；“不合格”表示有关的服务承诺计划被拒绝认可，而评审委员会会向有关的公共部门说明拒绝认可的理由及依据，并提出针对这些问题的改善建议，有关部门在改善后可向评审委员会再次提出认可申请。

服务承诺计划还要求，部门需要把服务表现、履行承诺的情况及公众满意程度等资料向公众公开，为公众监督创造条件，以此来推动部门不断改善服务质素和提高行政效率。例如，要求部门向公众广开监察和投诉渠道，要求部门就未尽如人意的服务向服务使用者进行解释，要求部门吸纳公众的意见并进行改善，等等。根据统计，直到2015年10月5日，已获确认服务承诺认可的部门有44个，这44个部门已获认可之对外服务的总数目有637项，如表3所示。[②]

---

① “评审委员会”的职权主要为：订定各公共部门及实体素质及效率的评审准则；评审各公共部门及实体的素质及效率，并定期将评审结果上报监督实体；以适当的证明书认可公共部门及实体的质素和效率；对提升公共部门及实体素质及效率的计划发表意见；向澳门特别行政区政府建议能激励公共部门及实体达到更高素质和效率标准的措施；对收到的且属本身职权范围的任何事务发表意见；编撰年度活动报告送交行政法务司司长；制订“评审委员会”的内部规章送上级核准。参见澳门特区政府优化公共服务专题网页，http://app.gov.mo/qs/progress。

② 澳门特区政府优化公共服务专题网页，http://app.gov.mo/qs/progress。

表 3　已获确认服务承诺认可的部门

隶属上级	数量	部门
行政长官	2	新闻局、澳门基金会
行政法务司	6	行政公职局、法务局、身份证明局、印务局、市政署、退休基金会
经济财政司	9	经济局、财政局、统计暨普查局、劳工事务局、博彩监察协调局、消费者委员会、人力资源办公室、澳门贸易投资促进局、澳门金融管理局
保安司	7	澳门特别行政区海关、澳门保安部队事务局、治安警察局、司法警察局、澳门监狱、消防局、澳门保安部队高等学校
社会文化司	10	卫生局、教育暨青年局、文化局、旅游局、社会工作局、体育发展局、高等教育辅助办公室、旅游学院、社会保障基金、澳门理工学院
运输工务司	10	土地工务运输局、地图绘制暨地籍局、海事及水务局、邮政局、地球物理暨气象局、房屋局、电信管理局、交通事务局、环境保护局、民航局

（三）市民满意度评估计划

“市民满意度”用以评估市民对服务的满意程度，透过测量满意水平来评价公共服务的优劣，进而让公共部门做出改善。澳门公共部门进行“市民满意度”评估有五项基本测量指标，即方便程度、员工服务、环境设备、内部流程以及服务效果，见表 4。

表 4　澳门市民满意度的测量指标

一级指标	二级指标
方便程度（市民在便捷、容易的情况下获取服务）	服务时间的安排方便市民吗？
	服务地点交通便利吗？
	有多种不同的渠道提供服务信息？
	申请表格可在多个不同地点索取或递交？可利用互联网下载或电子邮递？
	具备让市民查询的电话服务热线？

续表

一级指标	二级指标
方便程度（市民在便捷、容易的情况下获取服务）	同一个柜位可办理一系列的手续？无需市民在不同的柜位之间奔走？
	申请或获得服务时，可通过简单的授权由他人代办，免却非必要的亲临？
员工服务（发扬公仆精神，使市民得到优质的公共服务）	有礼、诚恳、亲切的接待态度？
	尊重市民？体谅市民？
	具有专业的知识？技能？
	在不违反法律及规定的情况下，满足市民的合理需求？
	主动提供渠道方便市民查询或跟进？
	若非所属职权，有主动协助市民转介到应责部门？
	协助市民增进公民权利的认知？
环境设备（硬件的设置要让市民感到舒适和方便）	令人感觉舒适、愉快的环境？
	足够的等候设施？方便“排队”轮候的配套设备？
	公众地方设有收费公众电话、饮水设备、自动贩卖机？
	便利老弱、伤残、孕妇的设施？
	提供书写的文具及桌椅？影印服务？
	听来清晰、悦耳的广播系统？
	简明、易阅的告示及指引？
	容易辨认的指示牌或说明？如服务柜台、出入口、洗手间、紧急通道等。
内部流程（市民得到的服务是经过一个公平、公正及合理的运作过程）	迅速提供服务？不会受到不必要的迟误？
	轮候制度是否公平？市民是否接受需轮候的时间？
	由申请到获取服务所需的等候时间是否合理？
	存在重复、不必要或不合理的运作步骤？流程次序是否颠倒？
	运作过程是根据公平、公正的原则？
	具有协调机制以保证跨部门（内部或外部）的服务顺利提供？
服务效果（市民获取服务的最终效益）	可靠保证的服务质量？
	所获服务是否符合市民最初的申请意愿？
	服务的效益程度是否理想？
	所得到的服务与付出的费用是否相称？
	服务的涵盖范围是否足够？

资料来源：澳门特区政府优化公共服务专题网页，http://app.gov.mo/cms/view? aid = 99&mid = 749。

（四）政府服务优质奖

随着“服务承诺认可制度”的发展渐趋成熟，特区政府设立了“澳门特别行政区政府服务优质奖”。政府服务优质奖的作用在于，表彰有卓越绩效的部门，推动公共部门的标杆学习，促进公共服务质素的提升，“一方面代表特区政府对其工作成果做出肯定，另一方面亦可激励其它部门奋发向上，向被认同的部门学习。通过内部竞争机制评选实现卓越管理、提供优质服务的模范部门，此举将为特区政府其它部门树立榜样，并能激励各个公共部门持续改进服务质素和提高行政效率”。[①] 政府服务优质奖的评审由公共服务评审委员会负责，委员会由公共行政、绩效管理和顾客服务的专家组成。

截至 2019 年 12 月，澳门特区政府共举办了两届政府服务优质奖的评选。第一届政府服务优质奖在 2012 年 10 月举办，设立了杰出团队奖、优秀服务奖、前线服务奖以及绩效提升奖四个奖项。[②] 第二届政府服务优质奖在 2015 年 9 月举办，设立了信息科技奖和优秀服务奖。[③]

3.3.3 改进澳门特区政府公共服务质量的主要方向

当前澳门特区政府的公共服务质量评价较为突出的问题是并非所有的部门都有服务承诺，也没有对所有的部门进行政府和社会的评价。由此，应该对政府公共服务质量的现有体系进行全面的检讨和改进，超越承诺制，引入政府绩效评估，引入第三方调

① 澳门特区政府优化公共服务专题网页，http://app. gov. mo/qs/qsaward。

② 《七部门获政府服务优质奖评审委会冀藉评核提升质素互相促进》，《澳门日报》2012 年 10 月 25 日，第 B06 版。

③ 《引入自助服务机减省人手简政便民身份证明局获信息科技奖》，《澳门日报》2015 年 9 月 24 日，第 B01 版。

查制度，强化公众参与。

首先，超越承诺制，引入政府绩效评估制度。服务承诺制虽然在提升政府公共服务质量方面发挥了一定的作用，然而面对社会对高质量服务日益增长的需求，服务承诺制的作用是有限的，其提供的仅仅是“基本满意水平”和“达标”的要求，无法产生“超标”的动力。为此，有必要超越承诺制，探讨提高服务水平和质量的其他机制，以达到不同机制之间的优势互补。在这方面，政府绩效评估和绩效管理制度是一个值得期待的制度建设。政府绩效管理制度克服了服务承诺制的固有缺陷，可以为提升政府公共服务质量提供持续性的动力。这是因为，“绩效评估通过用一系列量的示标来显示和定期测定服务质量并进行三种形式的比较，能形成提高服务质量的持续性动力”。[①] 由此，构建公共服务的绩效评估制度是未来特区政府进一步提升政府公共服务质量的主流发展方向。在特区政府建立“政府绩效治理制度”的契机下，如何完善公共服务评估的内容和指标，实现公共服务评估对部门的全覆盖、多主体、公开透明，是未来改进公共服务质量的至为重要的制度使命。

其次，引入第三方调查和评估机制。当前，由“公共服务评审委员会”主导的政府公共服务评核机制中存在一定的弊端，其评价结果的公信力也不时受到公众的质疑。有社会意见就指出，“在所谓‘公共服务评审委员会’组成人员中，清一色的官方人员，这种近似内评方式的评核，具有强烈的政府主导色彩，体现着政府为本的价值倾向，没能真正发展成为民众本位的评价过程”。[②] 为了避免“自上而下”评核这种“单向度评核”所可能

① 周志忍：《社会服务承诺制需要理论思考》，《中国行政管理》1997年第1期，第14页。

② 何纳仁：《政府服务评审由谁说了算?》，《澳门时报》2012年11月1日，第02版。

造成的弊端，特区政府在施政报告中已经提出了引入第三方调查和评价的思路。特区政府2015年行政法务司的施政方针中，更是承诺2016年对所有提供对外服务的部门的职能和服务性质进行独立第三方的调查和评价。“2015年试行引入第三方学术机构，调查了三个部门的服务素质，研究绩效信息如何作为评审领导绩效表现的参考依据，同时开展了公共服务素质评价指标、评价机制的研究工作。明年所有提供对外服务的部门，都会按其职能和服务性质，接受独立第三方的调查及评价。”① 由此，独立第三方调查和评价机制的引入，是未来特区政府改善公共服务质量的另外一个重点对策。

最后，强化公众参与，更加注重公众对评价公共服务质量的参与权和话语权。在提升政府公共服务质量上，公众发挥着关键性的作用。事实上，公共服务供给并不是纯粹的技术过程，它本质上是一个价值构建和市民参与的过程。国际经验表明，在公共服务供给过程中，通过质量评价、质量控制、质量标准等方式对市民进行充分授权来加强市民的参与性、主动性以改进公共服务质量，是提升政府公共服务质量的重要战略。相比较之下，在提升特区政府公共服务的实践上，不少市民满意度的调查是由政府部门自己进行的，也不是所有部门的服务质量都引入了公众满意度的调查。在这个过程中，澳门公众的参与是有限度的，尚没有形成“公众导向”的公共服务质量评价。“当前，无论是公务员绩效评核制度的改革，还是ISO质量管理体系在澳门特区政府的导入，都是以流程的标准化以及加强对公务员工作过程的控制与监控作为基本取向，其体现的是一种过程导向的绩效评估，而非结果导向或公民导向的绩

① 《服务部门明年受第三方评效》，《澳门日报》2015年11月24日，第B01版。

效评估。”① 当然，公众评价有内在的缺陷和不足，因此在强化公众参与的同时，也要力争形成政府自我评估、公众评估、专业评估、第三方评估等各类评估主题的相互补充、优势互补的理想格局。

3.2　发展电子政务

回归祖国以来，澳门特区政府高度重视电子政务的发展，在制度建设、内部行政管理电子化、公共服务电子化、政府与公众沟通电子化等方面均取得了一定的发展成果。然而，受制于政务建设的滞后，澳门特区电子政务没有形成部门间的信息互通，公共服务电子化的发展成效亦不尽理想。未来澳门特区电子政务需要进一步深化行政管理体制改革，完善跨部门合作机制，优化行政流程，实现部门间的信息共享，建立整体政府及一体化电子政务。

3.2.1　澳门特区电子政务发展的基本历程

回归后不久，澳门特区就开始推行电子政务，并将电子政务作为澳门公共行政改革的主要内容之一。经过多年的努力探索，澳门特区政府向市民提供了多元化电子服务，市民可以通过互联网查阅和办理多项行政手续，政府的行政效率也相应得到了提高。纵观澳门电子政务十多年的发展，主要可以分为三个阶段，即2001～2004年的基础建设阶段、2005～2009年的提升发展阶段、2010年以来的反思发展阶段。

① 颜海娜：《澳门公务员绩效评估中的公民参与》，《行政》2011年第24卷，总第91期，第49页。

（一）基础建设阶段（2001～2004年）

特区政府在2001年便组成了电子政务的跨部门工作小组，协调整个特区政府电子化的发展，订定发展电子化政府的目标和方向。2003年，特区政府提出全面发展电子政务的计划，初步推进了电子政务基建整合的工作，组成综合的政府入口网站，建立了政府部门之间的自动化工作流程系统。2004年7月启动了E－Macao的电子政务发展项目。

（二）提升发展阶段（2005～2009年）

2005年，澳门特区政府承认了电子签名的法律效力，逐步推行实施公文的电子化，朝着无纸化办公的目标发展。同年，澳门推出了《电子政务发展纲领（2005—2009）》，发展纲领的愿景是"运用信息科技及行政现代化手段，提高政府部门施政质素和效率，降低行政运作成本，持续令市民得到贴身且满意的公共服务"，发展纲领的目标是"提高政府内部行政效率、提升公共服务的质素和办事效率、降低行政运作成本和带动本地信息技术和相关行业的发展"，发展纲领还制定了法律与政策现代化、行政优化与重组、政府内部运作电子化、公共服务电子化、完善政府信息基建、推广宣传与沟通六大电子政务发展策略。

2009年底，澳门特区政府推出了"e办事"的跨部门网上服务。凡年满18岁的澳门居民可以免费申请"e办事"账户，使用不同政府部门提供的"e办事"电子化服务。通过"e办事"服务平台，市民可随时申请及办理多个政府部门提供的电子化服务，消除部门间因行政及技术差异而给公众带来的障碍及不便，让市民可以使用一站式服务申请跨部门的服务。"e办事"的服务主要是行政公职局的"网上选民登记的数据查询和更新"、卫生局的"医疗报告申请"、退休基金会的"公务员公积金查询"。目前，加入“e 办事”的服务已经延伸到涵盖劳工事务局的“招聘及就业选配”、财政局的“电子服务”、科学技术发展基金的“科学技术奖励网上申请”以及社会保障基金的“电子服务”等。

（三）反思发展阶段（2010 年以来）

随着新一届政府上任，特区政府着眼于重新制定电子政务的发展规划，针对部门间的数据不能有效共享、各自为政、重复建设等问题，统一技术标准，规范不同政府部门网站的信息，确保数据准确及一致，推动电子公函及公共服务电子化的工作。2010 年，特区政府设立了政府数据中心，推动信息系统集中化和统一化管理。政府数据中心以“资源共享、提升效率、集中管理、安全可靠、高效稳定及绿色节能”为基本理念，提供托管服务、安全服务、联网服务及应用服务，确保保存、处理政府数据的统一、安全管理，为电子政务的发展提供较为安全及稳定的基建设施。

2013 年，特区政府制定为期两年的电子政务短期规划《2013—2014 年电子政务发展规划》。2015 年特区政府又制定了《电子政务整体规划（2015—2019）》，提出要进一步完善统一身份识别机制，并更新部门网站及后台系统令不同的部门互相对接，进一步实现行政管理和行政业务电子化。为此，特区政府对“电子文件和纸张文件统一管理及交换平台”及“公共服务管理平台”进行了开发和整合，争取以“中央化”的管理模式，提升跨部门数据交换效率。规划致力于在 2019 年完成 42 项电子政务的基础建设，实现 112 项高使用量的公共服务不同程度电子化，其中，77 项为全程电子化、35 项为部分电子化。

3.2.2　澳门特区电子政务发展的主要成就

电子政务的主体是国家各级政府和部门，客体是与公共权力行使相关的公共事务，所实现的内容是现实政府的公务、政务、商务和事务。一般而言，围绕政务部门内部、部门之间和部门与公众之间这三条主线，“电子政务包括部门内部的办公自动化、部门之间的资源共享和协同办公、部门面向公众提供信息服务、网上办事与互动交流等组成部分”。[①] 也就是说，电子政务的内涵不仅在于政府内部的管理及办公自动化，而且涉及政府与社会公众的信息化管理，旨在实现内部管理的电子化、公共服务的电子化以及政府市民沟通的电子化。总体来看，特区政府在电子政务建设方面的成绩除了制度建设方面，在内部管理电子化、公共服务电子化、政府与公众沟通电子化方面也取得了一定的成绩。

（一）制度建设

电子政务是信息技术革命与公共行政发展融合互动的产物，“其作用的发挥一方面取决于技术变革性效应对于政府行政过程的持续性影响，另一方面则依赖于相应行政制度创新的引导与配合”。[②] 澳门回归之初，特区政府就充分认识到电子政务相关法律和制度的缺位是发展电子政务的最大阻力，“现时本澳完全没有互联网法例和电子认证法律效力，这是发展电子政务的最大阻力，若不加快制订，只会令澳门脱离国际轨道”。[③] 为此，特区政府致力于制定和完善相关的法律法规和制度建设，在信息安全、电子文件及数据交换、网站构建等领域上制定了一系列的法律法规及政策文件。

在信息安全管理方面，特区政府先后推出《电信纲要法》及

---

① 张锐昕、杨国栋：《电子政务与政府职能转变的逻辑关联》，《甘肃社会科学》2012年第2期，第220页。

② 杨国栋：《基于制度变迁的电子政务发展研究》，《学习论坛》2012年第9期，第49页。

③ 《建构电子政府需要钱财人才》，《澳门日报》2000年12月7日，第B9版。

《打击计算机犯罪法》等法律，同时，行政公职局还制定《信息保安政策指引》及《信息安全管理框架》等政策文件，统一特区政府各职能部门信息安全管理标准；在电子文件与数据的应用与交换方面，配合跨部门的“电子公文收发系统”（eDocX）的开通，特区政府还制定了《电子文件及电子签名法》、《电子认证邮戳公共服务规章》、《个人数据保护法》、《电子文件收发及管理指引》及《流动应用程序开发指引》等法律规范，进一步促进电子文件在公共行政范围内的交换和管理。此外，为加强部门网站数据的一致性和实用性，在完成内部网络及“中央”数据库（“政府数据中心”）构建的基础上，特区政府还向各公共部门公布了《政府部门网站规范指引》，使各职能部门在设计网站、内容及功能中有统一的规范和依据。

（二）内部行政管理电子化

内部行政管理电子化是电子政务的应然要义，也是公共服务电子化的前提和基础。在内部行政管理电子化方面，澳门特区政府部分公共部门“已开发和使用例如人事管理系统、会计财务管理系统、出勤管理系统、财产管理系统和文件管理系统等基本内部行政管理信息系统………而部分部门亦已开展业务流程电子化，以及实行电子化追踪文件流向和监督工作进度”。[①] 在这个基础上，特区政府开发了“公务人员管理及服务平台”，通过整合和统一已有的相关管理系统及数据，试图将人事管理和财务管理进一步电子化和标准化，以提升各部门的行政管理效率。

（三）公共服务电子化

公共服务是电子政务建设的出发点和落脚点，电子政务建设

① 《2015—2019年澳门特区电子政务整体规划咨询文件》，澳门行政公职局，2015年6月。

发展的最终目的是为居民提供一种高效、快速、透明度高及公平的服务系统。“电子公共服务是电子政务的核心，也是电子政务最关键的一环。”[①] 2015 年 6 月之前，特区政府有两百多项对外公共服务实现了不同程度的电子化，约 50 个部门提供的超过 1000 种供免费下载的电子表格，实现了市民办理公共服务的便利化和快捷化。公共服务电子化的形式包括网上预约、网上申请、网上查询服务进度、网上支付费用、网上活动报名以及收取邮政电子信息等，比如印务局的“政府电子刊物订阅平台”、行政公职局的“自然人选民网上登记”、法务局的“网上申请查屋纸”、澳门治安警察局的“交通违例查询纪录/缴交罚款系统”等等。

（四）政府与市民沟通电子化

实现市民的电子化参与，促进政府与市民沟通的电子化，也是电子政务建设的一个重要使命。在这个方面，澳门特区政府非常重视网站的构建、维护和管理，以此作为强化政府与市民沟通的坚实基础。目前，有些政府职能部门的网站建设已经进入电子咨询阶段，通过政府入口网站、部门网站或专题网站在网上进行政策咨询，接收市民意见。为配合有关咨询方法的落实，澳门特区政府的入口网站内也设有“政策咨询”专页，提供专门平台，方便市民掌握由政府部门开展的各项公众咨询的情况。

3.2.3 澳门特区电子政务存在的问题及其原因

构建电子政务制度、推进内部行政管理电子化、完善公共服务电子化和实现市民沟通电子化是长期的发展过程，不可能一蹴而就。经过十多年的探讨和建设，澳门特区政府在电子政务建设

① 李传军：《电子公共服务：电子政府发展的方向》，《行政管理改革》2010 年第 3 期，第 60 页。

方面取得了一定的成绩，但与先进国家及地区相比较仍然存在差距，和市民越来越高的期望也有一定的落差。有社会声音指出，“政府 10 多年来推动电子政务仍停留在初始水平”。[①] “公共部门似乎只停留于简单的信息发布及信息检索，市民透过自助服务机或网上直接申办政府手续的电子服务尚未普及，政府与市民之间的互动元素仍相对缺乏。”[②] 诚然，澳门电子政务的建设并没有完全实现减少行政成本、提高行政效率及优化公共服务的根本目标，在内部行政管理电子化及公共服务电子化方面都存在瓶颈和不足。

首先，在政府内部行政管理电子化中，没有形成部门间的信息互通，也没有完全整合部门间的流程。澳门特区政府的电子政务一开始并非由“中央”统筹开发，而是由各个职能部门自身先开发。由此产生的信息壁垒与数据鸿沟对网络的互联互通以及部门间数据的互换互用均带来了一定的困难。“政府各个部门开发的电子系统不同，格式标准不一，政府部门间的信息无法互通，就连文字都因为无法互认，是发展电子政务的最大障碍。”[③] 后来，虽然特区政府改变了由各部门分别自设数据中心的做法，设立了政府数据中心，采用集中管理及资源共享的策略，但一直没有设立“中央”平台来连接不同部门的系统。

其次，受制于内部行政管理电子化的不足和缺陷，公共服务电子化的发展成效不显，行政效率及服务质量没有得到实质性提高。一方面，澳门特区政府各个职能部门的进度和成效不一，在电子政务建设方面显现出“部门化、分散化”而不是“统一化

① 李静仪：《本澳应深化电子政务发展》，《力报》2015 年 12 月 16 日，第 C04 版。

② 《电子政务十年未普及》，《澳门时报》2014 年 3 月 13 日，第 03 版。

③ 《部门各自开发电子系统政府信息无法互通》，《市民日报》2015 年 11 月 24 日，第 P01 版。

的、整体化”的特性。虽然有些部门提供了较好的公共服务，但不少部门在公共服务电子化方面的进度较为缓慢。澳门特区政府有三十多个部门设有部门网站，但真正提供电子公共服务的部门其实并不多。数据显示，当前特区政府面向公众提供的服务共有800多项，涉及跨部门服务400多项，以不同形式电子化方式提供的服务有200多项，而全面电子化服务却非常少见，特区政府的目标是2016年实现至少15项的公共服务全面电子化。另一方面，多数公共服务的电子化只是停留在诸如信息发布、查询、预约、下载和打印表格等政府单向提供信息的层面，很多市民仍然需要亲临政府部门才能办理所需要的公共服务。对此，有学者指出，“本澳现时虽有推行电子政务，惟各部门推行情况参差，部分仅停留在提供单向信息的层面，即使可供居民下载表格，但最后仍需居民前往办理点递交，较进取的提供预约服务等的部门并不多”。[①]

电子政务建设是电子与政务的统一。电子政务的理论和实践说明了，建设电子政务“不是单纯的网络信息技术解决方案，它实质上是一个技术形态、政务形态与应用形态的有机结合与互动，政务是根本、技术是支撑、实际应用是目的”。[②] 在一定意义上讲，电子政务发展的推动力不是依靠技术的力量，而是依赖于一个权责明确、职能清晰、协调有序的良好的行政管理体制。因此，电子政务发展的关键并不是网站建设及基础设施等技术建设，而是部门行政程序的简化以及理顺部门间职能关系及流程等行政体制改革问题。

回归以来，部门间职能重叠、行政程序繁多一直困扰着澳门

---

① 《缩短申请时间减省行政程序》，《澳门日报》2011年8月21日，第A06版。

② 蔡立辉：《基于电子政务应用的行政流程再造：问题与对策》，《天津行政学院学报》2007年第8期，第35页。

特区政府的施政，部门间的职能调整以及减少不必要的行政程序、优化行政流程，也是特区政府当前行政改革最为迫切的任务。与此同时，作为电子政务建设统筹协调部门的行政公职局，本身缺乏充分的协调权力及功能。在这种情况下，电子政务在制度建设及基础设施方面虽然有了一定的进步和成绩，但电子政务成效的发挥从根本上受制于行政流程设置及部门间职能设置的合理程度。“政务”问题没有解决好，势必影响电子政务成效的发挥。

3.2.4　澳门特区电子政务的发展展望

电子政务是特定社会经济技术条件下的政府管理形式。电子政府并不是简单将政府管理进行电子化转移，而是利用信息技术的手段来重塑政府、对政府的流程进行改造，从而最终为公众提供更好的管理和服务。电子政务的真正价值在于促成政务公开，促进政府转型，改善政府与公众的关系。为了更好地实现电子政务的功能，澳门特区未来电子政务的发展要从完善政府自身的内部管理开始着手，加强部门间的合作意识，构建部门间的利益协调机制，推进跨部门业务协同和信息共享，注重电子政务的统筹、协调与整合，建立协同政务和一体化电子政务，实现从“部门化政府”到“整体政府”的跨越。

首先，澳门特区政府需要进一步深化行政体制改革，理顺部门间的职能关系，避免部门职能重叠、政出多门，形成部门间良好的分工协作体系。第四届特区政府成立以来，开始了新一轮的职能架构检讨调整和归并的工作。按照特区政府的施政构想，职能架构的检讨调整工作将分两个阶段进行。第一阶段的目标是在2016年底撤销6个以上部门；第二阶段的目标则是在2018年对不同范畴的13个部门的职能架构进行优化重组，并撤销其中的3个部门。经过此轮特区政府机构职能调整的工作，部门间职能重叠的现象会有所改观，部门间的权责、职能和分工将进一步理顺，从而为一体化电子政务的实现奠定体制基础。

其次，要打破部门本位主义，实现部门间的信息共享，避免信息孤岛，构建整体政府。一体化电子政务的建设要打破部门自扫门前雪的旧有观念，解决发展电子政务过程中各自为政、重复建设的问题，打破政府部门间的隔阂，化零为整。当前，整合构建统一的政府公共网络平台成为电子政务集约化发展的大趋势。[①]事实上，英国、法国、德国、韩国、新加坡等电子政务较为发达的国家和地区均建设了统一的政府公共网络平台，实现各政府部门的信息共享，减少公共行政部门手续重复对市民所造成的困扰。例如，新加坡就提出“多个部门、一个政府”口号。在“整合政府 2010 计划”中，“新加坡适时地将电子政府改名为整合政府，实现从电子政府到整合政府的跨越与转变”。[②] 为此，未来澳门特区政府的电子政务要加大力度整合不同部门的公共电子服务的系统及网站，设立统一的平台，在确保数据安全前提下，建设政府内部的“中央”数据共享信息储存系统，扫除部门间的信息障碍，更好地实现信息的互通和共享。

再次，理顺跨部门合作机制，实现跨部门信息系统的整合。根据 Layne & Lee 的电子政务成熟度模型，电子政务的发展可以区分为政务信息公开阶段、业务办理的信息化阶段、纵向信息系统整合阶段和水平信息系统整合阶段。[③] 其中，横向信息系统是电子政务发展成熟度最高的阶段。在这个阶段，跨部门的政府信

① 王璟璇、杨道玲：《国际电子政务发展趋势及经验借鉴》，《电子政务》2015 年第 4 期，第 24 页。

② 林康：《借鉴新加坡经验提升电子政府建设水平》，《信息技术与信息化》2012 年第 3 期，第 11 页。

③ 樊博：《跨部门政府信息资源共享的推进体制、机制和方法》，《上海交通大学学报》（哲学社会科学版）2008 年第 2 期，第 14～15 页。

息资源共享，网络政务协同，通过各种信息技术手段将政府各个部门的管理和服务进行集成，彻底将传统的金字塔型的组织管理结构转变成扁平式的组织管理结构，代表了电子政务的本质精神，是电子政务发展的必然趋势。为了实现跨部门信息系统的整合，需要进一步检讨和完善澳门的跨部门合作机制。当前，澳门成立了很多跨部门工作小组，但跨部门合作的成效却不尽理想，存在跨部门服务缺乏统筹、跨部门合作徒有形式、相关法律法规不完善等各种问题，跨部门合作机制尚有较大的完善空间。对此，有必要学习和引入先进国家或地区的经验，不断改革和完善澳门现有的跨部门合作机制。当中，建立正式结构和非正式结构相结合的跨部门协同合作机制，是国外跨部门合作机制中较有成效的做法，值得借鉴。“正式结构主要包括传统组织设计中的部际委员会、专项任务小组、联合小组等形式。非正式结构相对灵活，便于跨部门协同资源的协调和整合，既包括会议、协议、文件等辅助性类型，也包括各种形式的网络结构。”① 这样，通过正式和非正式协调机制的建立，构建起包括正式结构和非正式结构调整相互搭配和补充的协调体系，能够从机构设置和操作运行两个层面确定更为全面和系统的跨部门合作机制。

最后，发展一体化的电子政务还需进一步优化行政流程。电子政务的发展与流程紧密相关，电子政务的发展与行政流程的变革与优化相辅相成。一方面，工作流程的优化是电子政务发展的关键和前提。如果内部行政流程未能理顺及完善，政府网站所推出的服务就会受既定流程的制约而难以获得公众的满意。另一方面，电子政务的发展反过来又可以成为行政流程优化的动力，倒

---

① 孙迎春：《国外政府跨部门协同机制及其对中国的启示》，《行政管理改革》2013年第10期，第64页。

逼行政流程的改革与再造。在这个意义上讲，电子政务是一种“流程革命”。电子政务的发展，势必“要顺应施政途径和形式的变革，实施政府各部门职能整合与行政业务流程重塑，以便向民众提供跨越级别、地区、部门的无缝隙一体化服务”。[①] 当前，澳门特区政府已充分意识到行政流程的不完善是电子政务发展的阻力，在“精兵简政”的改革中已经将“流程再造”作为“简政”改革的重要组成部分，一再强调要优化各项行政流程，整合同质性较高的工作程序。特区政府于2016～2017年逐步优化服务流程，包括45项跨部门行政准照牌照程序，涉及零售、饮食、酒店、卫生、护理等范围。在这个过程中，特区政府形成行政流程再造的规范做法，对公共服务中不必要的程序和手续进行简化，对不合理的流程进行重组，对与电子政务系统不能完全匹配的流程进行优化，对需跨部门共同处理的流程进行整合。

3.3　完善公众咨询

《公共政策咨询规范性指引》设定了澳门公众咨询的七大原则、三大阶段以及统筹协调机制。在《公共政策咨询规范性指引》下，2016年澳门特区政府公共政策咨询进一步规范化，体现出公众积极参与、政府精心准备、政府重视公众意见等基本特性。与此同时，澳门公众咨询在实践发展中也暴露出统筹不够、过度咨询、数据不足、偏离民意等弊端。为此，要进一步完善《公共政策咨询规范性指引》，优化统筹协调机制，创新分类咨询机制，改革信息管理机制，落实凝聚共识机制。

---

① 王铭：《论政府行政业务流程重塑的实施途径》，《北京行政学院学报》2011年第4期，第35页。

3.3.1　澳门公众咨询的制度架构

澳门特区政府在2011年出台了第224/2011号行政长官批示，公布了澳门特别行政区《公共政策咨询规范性指引》（以下简称《指引》），并于2011年8月5日实施。《指引》目的在于规范公共政策咨询，营造良好咨询环境，促进公众参与，充分听取公众意见，有利于政府的施政。依照规范性指引的规定，公共政策分为“重大政策”和“政策项目及措施”，其中，重大政策须按《指引》规定进行咨询工作；政策项目及措施则不必须依照《指引》进行咨询工作。总体上，这份指引的主要内容可以体现为“七大原则”、“三大阶段”及“统筹协调”，对政府提起咨询、如何咨询、总结分析等咨询过程进行了规范化及制度化，以便更好地协调各种公众政策咨询，增加透明度。

（一）公众咨询的七大原则

《指引》规定在推行公共政策咨询时应遵循有效安排及协调、促进公众平等参与、充分及时提供政策信息、便利取得政府信息、加强与咨询组织和社会团体及部门间合作、提升透明度及回应、检讨评估及持续改善等其他原则，见表5。

表5　澳门公共政策咨询的七大原则

有效安排及协调	妥善安排公共政策咨询的各个阶段
	适当协调各个议题相近或咨询期相近的咨询项目，有序开展
促进公众平等参与	市民、社会团体及专业人士等，应让他们能在公平的环境、充裕的时间以及多元的途径等条件下参与公共政策咨询
及时及充分提供政策信息	提供适时及充分的相关政策信息作为咨询的基础，并以简明的方式向公众做出说明
便利取得咨询及提供意见	多途径、直接及简单便捷的方式，让公众尤其相关利害关系人能知悉、取得相关咨询信息及提出意见

续表

加强与咨询组织、社会团体及部门间的交流与合作	加强与咨询组织、社会团体及其他相关部门的交流与合作，整合社会信息及意见，分享经验及成果，以提高咨询的成效
提高咨询的透明度及回应	致力提高咨询的透明度与回应，适时做出公布、说明及反馈，促进公众的参与及政府的互信
检讨评估及持续改善	对咨询的推行及成效进行检讨与评估，作为适时调整及持续改善的参考依据

（二）公众咨询的三大阶段

总体来看，《指引》将公共政策咨询过程分为三个阶段，第一个阶段是前期准备阶段，第二个阶段是咨询推行阶段，第三个阶段是总结评估阶段。在前期准备阶段，规定需要收集相关的社会意见并展开相应的政策研究；在方案构想形成前，提早将民意融入；在咨询推行阶段，需要明确公开咨询的对象、时间和形式，规定咨询对象一般包括市民大众、团体、组织，规定咨询期间一般不应少于30天，规定应用综合多元方式，须确保与其他部门合作，提供咨询信息，收集咨询意见，设计咨询文本，适时检讨评估；在公共政策总结评估阶段，应在咨询期结束后的180天内以书面形式进行总结报告，并对公众意见进行反馈。《指引》的上述规定可以用表6的制度要求和制度要旨来进行描述。

表6　澳门公共政策咨询的三大阶段

	制度要求	制度要旨
前期准备阶段	收集社会意见及资料	收集相关社会意见，并与社会意见及信息交流上与咨询组织及其他政府保持联系
		通过咨询组织及学术机构等，对相关公众就咨询目的进行前期意见及资料收集
	制定准备相关政策研究资料	进行政策研究报告，说明咨询目的、对象、一定范围的社会意见及其他地区经验，并将有关内容提供给公众作为咨询参考资料

续表

	制度要求	制度要旨
咨询推行阶段	明确咨询对象	界定咨询对象，并将关键咨询对象纳入咨询范围，并适当平衡咨询对象的比例
		咨询对象一般包括市民大众、团体、组织及咨询组织，尤其是促进利害关系人、相关公共部门、咨询组织、社会团体、专业人士的参与
	公开咨询时间	公众提出意见的时间须按照政策特点、咨询范围、咨询目的等合理订定，但不应少于 30 天
		特殊情况或子项目再次咨询时，可适当调整，但须向公众充分说明理由
	进行形式	以咨询文本为基础，并根据咨询对象特点采用适当方式
		综合多元方式的运用，包括讲解会、座谈会、研讨会、小册子、互联网、多媒体及其他有助公众参与的方式
		因应环境及资源条件的运用，可采用如游戏活动、落区探访、民意调查、电台及电视节目等形式，提高意见收集的成效
	政府各有关部门的合作	确保与该政策或法规相关的政府部门、实体、咨询组织及社会团体等的合作
	咨询信息的提供及咨询意见的收集	提供、确保公众取得有利咨询成效的资料及数据，包括咨询文件、咨询推行方式及安排、研究报告、相关地方经验及调查数据，并及时更新有关信息
		透过各种方法，广泛收集公众提出的各种资料、意见及建议
	咨询文本的设计	关于咨询文本封面样式的规定
		咨询文本的内容应包括：摘要说明、咨询目的、推行方式、结束日期、联络方法、意见收集方式、相关政策信息、倘有的公众意见、倘有的政策方案、希望反映的重点问题、咨询总结报告的发布时间及发布方式等
	适时检讨与评估	适时检讨和评估，并可根据有关结果，在不影响原有计划的前提下，对咨询活动的推行措施作适当的微调

续表

	制度要求	制度要旨
总结评估阶段	制定与发布咨询总结报告	编制总结报告，并于咨询期结束后的180天内以书面方式公布
		给予特殊情况的需要，咨询项目总结报告公布时间可作出适当调整，但须向公众说明理由。
	咨询项目总结报告的内容	应具备意见整理摘要，让公众或咨询对象能了解不同参与者的观点
		应对归类的重点问题做出回应说明，列出重要修改方向及或有的后续工作安排
	反馈资料用途及保护个人资料	收集的意见及资料不得偏离咨询目的
		不能披露未经整理及公布的原始资料

（三）公众咨询的统筹与协调

《指引》还着重提到了公共政策咨询的协调与统筹。规定由“公共行政改革统筹委员会”、行政长官办公室、各司长办公室及推行机构组成公共政策咨询统筹机制，并规定推行机构须在咨询项目展开前不少于180天向“公共行政改革统筹委员会”作出通报，通报内容应该包括咨询目标、对象、过程各阶段的规划时间及内容简介，以作为协调和统筹的依据。

3.3.2 澳门公众咨询的基本特性

随着《公共政策咨询规范性指引》的推进，2016年澳门特区政府公共政策咨询进一步规范化。应该讲，2016年是政府公共政策咨询较为频繁的一年。从年初的“推行限制使用塑料购物袋之制度”公开咨询、年中的五年发展规划咨询，到年底的海域管理纲要法咨询，澳门公众咨询可谓非常密集，再次出现“咨询爆炸”和“咨询疲劳”的情况。2016年澳门特区政府的公众咨询总共有十项咨询项目，分别是：推行限制使用塑料购物袋之制度、全澳第一批不动产评定、刑法典有关性犯罪的内容、《修改民法典不动产租赁法律制度》法案、康复服务十年规划、五年发展规划、澳门审计准则、修订《立法会选举法》、旅游业发展总体规划、海域管理纲要法等。这当中，既有行政法务领域的修订《立法会选举法》咨询及海域管理纲要法咨询，又有社会文化领域的康复服务十年规划咨询、旅游业发展总体规划咨询，又有关乎澳门特区整体发展的五年发展规划咨询，如表 7 所示。

表 7 2016 年澳门的公众咨询活动

序号	咨询项目	推行部门	咨询时间
1	推行限制使用塑料购物袋之制度	环境保护局	2015 年 12 月 23 日至 2016 年 2 月 5 日
2	全澳第一批不动产评定	文化局	2015 年 12 月 28 日至 2016 年 2 月 25 日
3	刑法典有关性犯罪的内容	法律改革及国际法事务局和法律改革咨询委员会	2015 年 12 月 23 日至 2016 年 2 月 22 日
4	《修改民法典不动产租赁法律制度》法案	立法会第三常设委员会	2015 年 12 月 16 日至 2016 年 2 月 15 日
5	康复服务十年规划	社会工作局	2016 年 4 月 15 日至 5 月 30 日
6	五年发展规划	政策研究室	2016 年 4 月 26 日至 6 月 30 日
7	澳门审计准则	财政局	2016 年 4 月 25 日至 6 月 30 日
8	修订《立法会选举法》	行政公职局	2016 年 5 月 7 日至 6 月 6 日
9	旅游业发展总体规划	旅游局	2016 年 5 月 24 日至 7 月 22 日
10	海域管理纲要法	法务局	2016 年 11 月 15 日至 12 月 14 日

在十项咨询项目中，“推行限制使用塑料购物袋之制度”公开咨询、《全澳第一批不动产评定》公开咨询、“康复服务十年规划”公开咨询、“五年发展规划”公开咨询、修订《立法会选举法》公开咨询尤其得到社会广泛的关注，体现出公众积极参与、政府精心准备、政府重视公众意见等基本特性。

（一）公众积极参与

在各项政府政策公开咨询活动中，社会公众都较为积极而防范地参与和介入进来，并且通过亲临政府部门、书面、电邮、传真、电话、意见箱以及通过所属团体转交等多元化的渠道和方式，向有关政府部门踊跃回馈意见和建议。《澳门旅游业发展总体规划》公开咨询中，合共超过180人参与，从咨询会、电邮、电话、网站等渠道收集的意见超过1100项。“五年发展规划”公开咨询中，至2016年6月底公众咨询期结束，咨询期内共收到4268份，共10802条意见，当中约四成来自社交媒体，34.5%为来自报章、杂志、电台及电视台意见。在此期间，政府举办了41场专场意见收集会，“包括澳区全国人大代表、全国政协委员；立法会议员；行政长官选举委员会委员；特区政府咨询组织；各大社团、专业社团、行业商会、中小企商会、青年学生社团、宗教社团、乡谊社团、大专院校及中学等，以及两场面向澳门居民的专场。当中出席的社团或机构共122个，总计出席逾3800人次，总计发言636人次，总计提交书面意见169份”。[①]

（二）政府精心准备

在推出公众咨询之前，澳门特区政府相关部门一般都会进行相关的信息收集和研究工作。例如，在“推行限制使用塑料购物袋之制度”公开咨询中，环境保护局收集社会各界对于零售业实行“胶袋收费”措施、受规管的商户类别、收费水平、豁免情况等问题的意见和建议。在公开咨询之前，环保局曾委托专业顾问机构开展“澳门限制塑料袋生产和使用的调查和研究”课题，进行全方位的科学调查与分析。研究显示，澳门市民平均每人每日

① 《五年规划咨询收逾万意见正式文本九月推出》，《大众报》2016年7月21日，第P05版。

使用约 2.2 个塑料购物袋，年总使用量约 4.5 亿个。[①]

“康复服务十年规划”公开咨询的咨询文本提出 13 项服务范畴的短期（2016～2017）、中期（2018～2020）和长期（2020～2025）十年发展计划建议以及 300 多项短、中、长期方案措施，冀求缔造一个以平等权利和共融为本的社会，促进残疾人士在无障碍和互相包容条件下的全面参与。[②] 该公众咨询的前提基础是，澳门特区政府成立了由 14 个政府部门组成的“康复服务十年规划部门研究小组”，研究澳门特区协助残疾人士康复及融入社会的整体性发展计划，致力于切实保障弱势人士，更好地支持残疾人士康复及融入社会，共同构建一个以平等权利和共融为本的澳门。

修订《立法会选举法》的公开咨询，是在总结 2013 年第五届立法会选举的情况和综合分析《第五届立法会选举活动总结报告》及廉政公署和检察院就第五届立法会选举提出意见的基础上而制定出咨询文本的。正是在有关研究和分析的基础上，咨询文本围绕“完善竞选宣传活动”“加强打击选举违法活动”“改善选举组织工作”“完善议员参选条件及兼任规定”四方面内容提出改善方案，期望修法借以打击偷步宣传、疑似贿选等选举违法问题，借以增强选举的规范性，进一步优化选举环境及提高选举质量。

（三）政府重视公众意见

2016 年澳门特区政府展开各项政策公开咨询中，既十分重视各个社团的意见和建议，也非常关注一般市民的介入和参与。许

---

① 《环保局由昨日起为此公开咨询四十五天收集对“胶袋收费”措施意见》，《华侨报》2015 年 12 月 24 日，第 13 版。

② 《康复服务十年规划展开公众咨询》，《大众报》2016 年 4 月 24 日，第 P01 版。

多公众咨询同时设有各种界别和社团的咨询专场和公众咨询的专场。例如，修订《立法会选举法》公开咨询就设定了四场界别咨询会和两场公众咨询会，《澳门旅游业发展总体规划》公开咨询则举行了两场公众咨询会、两场业界团体交流会及两次咨询委员会专场。有些咨询更是特别关注关键公众、利害相关者的意见，比如，在“康复服务十年规划”公开咨询中，特区政府除了关注一般居民的意见外，还特别重视残疾人士及其家属、民间康复机构及社会服务组织对咨询文本的意见和建议。

这当中，最为典型的是五年发展规划的公众咨询专场是后来才设定的，充分显示了一般市民意见对特区政府施政的不可或缺性。五年发展规划的咨询活动一开始准备不设公众专场咨询，引来社会各界批评。后来特区政府转变立场，认为公众的意见也同样重要，决定在两个月咨询期内举办公众咨询会听取公众意见，让没有参加社团的市民表达意见。行政长官崔世安先生对此专门进行了解释，“不少市民参与社团，但部分则亦没有参加社团，故认为值得组织公众咨询会听取他们的意见，更希望通过传媒报道，让更多市民报名参加，尽量满足市民发表意见”。[①]

为了体现特区政府对社会各界意见的重视，在有些公开咨询中，政府强调咨询中没有预设立场，政府的角色在于聆听各方意见。例如，在《全澳第一批不动产评定》公开咨询过程中，文化局强调特区政府没有预设立场，“是否将渡船街 1 号房屋列为文物需要通过咨询公众、业主和文化遗产委员会的意见，并非由文化局自行决定，重申现阶段讨论的项目不一定都被列入受保护清单”。[②] 在公众咨询后，相关政府部门一般都会制定并公布咨询总

① 《徇众要求五年规划设公众咨询会》，《市民日报》2016 年 5 月 12 日，第 P04 版。

② 《渡船街一号去留非文化局决定》，《濠江日报》2016 年 1 月 10 日，第 A01 版。

结报告，就收集到的资料进行统计、整理和汇编，并就有关意见和建议进行综合分析。与此同时，政府的政策出台还会吸纳有关意见。例如，澳门康复服务十年规划经公共咨询后，就依据咨询后的意见新增了 11 项方案，“包括将开展引进导盲犬的可行性研究，对现有社屋电梯进行无障碍设施改善工程，跨部门检视各部门的辅具服务内容及加强辅具资助等”。[①]

3.3.3　检讨澳门公众咨询存在的问题

遗憾的是，在实践中，澳门特区政府有些部门并没有严格遵守《公共政策咨询规范性指引》，存在各个部门各司各法，各自根据自身的理解和实际情况来弹性执行“规范性指引”的现象。“很多部门的咨询已很多元化。公共政策各具特点，实际咨询时会遇到各种问题及情况，未能完全按指引而行，为平衡统一规范及适度弹性，部门可按实况灵活处理，提高实际操作成效”。[②] 2016 年底，澳门多位立法会议员批评咨询制度“只搞形式主义，意见接受，态度照旧，不利施政亦浪费公帑”。[③] 在澳门公众咨询的实际运作中，由于缺乏一套“中央”管理公众咨询的切实机制，暴露出咨询统筹不够、过度咨询、数据不足、偏离民意等问题，导致社会有声音质疑公众咨询是“假咨询”“走过场”“形式化”“为咨询而咨询”。

（一）统筹不够

《公共政策咨询规范性指引》明确规定了公共政策咨询应遵

---

① 《康复十年咨询增十一方案政府拟引导盲犬服务》，《澳门日报》2016 年 11 月 10 日，第 A03 版。

② 《公职局认指引欠佳可“灵活处理”》，《澳门日报》2014 年 7 月 17 日，第 A03 版。

③ 《批评咨询制度只搞形式主义效果不彰，多名议员指问题源自政府》，《华侨报》2016 年 11 月 24 日，第 11 版。

循有效安排与协调的原则，但澳门公众咨询的实践却偏离了这个核心原则和精神。在实践中，公众咨询的统筹协调机制没有落实，各个部门各自为政，做法不一，导致澳门公众咨询活动过于密集。

公众咨询过于密集，是当前澳门公众咨询最为典型的问题。在2016年1—2月，同时举行的公众咨询活动有推行限制使用塑料购物袋之制度、全澳第一批不动产评定、刑法典有关性犯罪的内容、《修改民法典不动产租赁法律制度》法案等四项咨询。在2016年4—5月，同时举行的公众咨询活动则有康复服务十年规划、五年发展规划、澳门审计准则、修订《立法会选举法》、旅游业发展总体规划五项咨询。在密集的政策咨询面前，市民应接不暇，参与的积极性和有效性会受到一定的影响，也会降低政策咨询的成效。就此，有社会意见批评指出，“咨询时间集中在同一时期，咨询时间较短，大众难以消化，更难以提供具质量的意见，一些咨询往往只会沦为‘走过场’。不但浪费公帑、浪费时间、浪费资源，更损耗发展元气。咨询是一个提供信息与建议，解决问题的过程，如果安排过于密集，不但科学性有欠缺，成效难保证，公众参与也会相对消极”。①

（二）过度咨询

由于统筹协调机制没有完全落地，在政府各个部门频繁咨询的情况下，在实践中出现了“重复咨询”的情况。比如，澳门特区养老保障机制的公众咨询与《长者权益纲要法》公众咨询的内容就存在重叠和交叉，最终使得养老保障机制的咨询流于形式，少人问津。又比如，在公共房屋政策的公众咨询上，也存在“重

---

① 《五份重量级文本同期咨询李振宇：大众难消化》，《澳门日报》2016年6月3日，第B07版。

复咨询”的问题。近年来，一系列的公共房屋政策如经济房屋、社会房屋、置安居等相关的公众咨询的重复性明显，社会公众的基本诉求和意见也较为清楚，结果是多个公众咨询收集的意见和民意是较为相似和一致的。这意味着特区政府公众咨询的效率不高，甚至已经出现了“咨询泛滥”和“过度咨询”的问题。

“过度咨询”的结果，会拖慢澳门特区政府的施政效率和决策效率，特别是在有些公众误解特区政府的公众意见的目的在于听取公众意见的情况下，“过度咨询”会给特区政府的科学施政带来阻力。“过度咨询”更大的风险在于，“唯是咨询若运用不当，不但不能收兼听则聪，集思广益之效，反有使澳门变成民粹社会之虞，后果是会令民众对政府不信任，使政府施政陷入寸步难行的困境。”①

（三）数据不足

在“适时及充分提供政策信息、提高咨询的透明度与响应、检讨评估咨询成效及持续改善”的要求方面，政府在咨询过程中却出现数据缺乏的问题，政府无法充分和便利提供信息，市民往往要花大量时间与精力去了解和适应咨询的相关程序等事项。有议员批评政府的资料提供是应付市民的“挤牙膏”式补充，而有些本来在咨询前期就应该准备的研究资料和报告却等到咨询临结束前才公布。“资料不足、下文拖沓等情况时有发生，新城规划、房屋、养老保障、轻轨等各项经济和民生议题，表面包罗万象，实际往往缺乏足够数据、空洞无物，咨询过程中需要当局反复补充资料，甚至咨询结束后，才公布有关资料，导致市民参与意愿降低。”② 数据不足往往也被诟病为政府施政和政策咨询的透明度

① 日明：《反有变成民粹社会之虞》，《澳门时报》2015年9月16日，第01版。

② 《施家伦完善咨询机制让基层恢复信心》，《力报》2015年9月15日，第C03版。

不高。

（四）偏离民意

在公众咨询的总结报告方面，《公共政策咨询规范性指引》规定，“当结束咨询后180日内，公共部门需要综合分析和归类所收集的意见，并制作成报告向公众公开，让市民知悉政府是否接纳其意见，从而加强政府工作的透明度”。[①] 也就是说，指引规定了，部门须在咨询期结束后综合分析所收集的各项意见，完成报告并向外公布，向居民交代是否接受意见及所作的决定。然而，在公众咨询的实践中，有些总结报告迟于咨询期结束后的180后才公布，有些总结报告则被批评为内容、形式未尽如人意，总结报告中基本上是在整理市民的意见，完全看不到政府是否接受民意以及其原因和理据。有议员指出，“有一些政府部门在整理分析市民提供的咨询意见时，手法不客观、不全面，因此根据分析结果所采取的决策变成不符合社情民意，令市民觉得是‘假咨询’，严重挫伤市民对政府咨询工作的信任度，降低政府政策咨询的认同感”。[②] 也就是说，公众咨询总结是由政府有关部门做出的，对此社会公众缺乏有效监督的工具，由此总结可能出现偏离民意和背离民意的情况。一旦有些总结报告的结论与社情民意不相符合，就容易使市民对政府公众咨询产生不信任。

3.3.4 规范公共政策咨询的制度运作

《公共政策咨询规范性指引》自2011年实施以来，虽然取得了一些进步，澳门特区政府公共政策咨询得到了进一步制度化和

① 《公职局向部门代表介绍咨询指引》，《市民日报》2011年8月18日，第P01版。
② 《透明度不足无法反映民意议员质疑咨询改革成效》，《澳门日报》2015年9月12日，第B05版。

规范化，然而从整体上看，澳门公众咨询的成效还有可提升的空间。因此，为进一步提升澳门公众咨询的成效，需要不断检讨和完善《公共政策咨询规范性指引》，理顺咨询制度，优化统筹协调机制、创新分类咨询机制、改革信息管理机制和落实凝聚共识机制。

（一）优化统筹协调机制

诚然，《公共政策咨询规范性指引》非常重视规定由公共政策咨询的统筹协调机制，规定由“公共行政改革统筹委员会”、行政长官办公室、各司长办公室及推行机构组成公共政策咨询统筹机制。此外，特区政府还在政府入口门户网站上设立“政策咨询”专区，统一政策咨询信息的发布。“特区政府入口网站内设立‘政策咨询’专区，让公众可透过该专区统一、准确、全面及适时获取所有咨询项目的信息。一些咨询项目更会设专题网站，强化网上信息发布的功能，还可让公众直接于网上提交意见。”①

然而，澳门公众咨询总体上仍然是部门咨询而不是统一咨询，出现了公众咨询碎片化的现象，多个咨询同时进行的现象十分普遍。其中最为主要的原因在于“公共行政改革统筹委员会”的性质是统筹组织，它是一个以开会为主要形式的松散型的非正式组织，没有实质性的“中央”统筹协调权力。为进一步优化公众咨询的统筹协调机制，实现从部门咨询到统一咨询和“中央”咨询的转变，建议赋予政策研究室或行政公职局作为主管和统筹公众咨询的职能，并授予相关的“中央”统筹权力，规定在公众咨询问题上可直接向行政长官负责，从而在组织结构的设置上更好地协调各个部门的公众咨询活动。

① 《陈明金问离补制度无公开咨询原因》，《市民日报》2014年7月20日，第P02版。

（二）创新分类咨询机制

《公共政策咨询规范性指引》把公共政策按层次分为“重大政策”和“政策项目及措施”。其中，“重大政策”是包括澳门社会发展方向及规划、全体或大部分公众相关，以及列入澳门特别行政区政府施政方针中的整点政策，而“政策项目及措施”是指为配合重大政策实施而推出的各项具体项目及措施。《公共政策咨询规范性指引》规定，重大政策须按“指引”的规定进行咨询工作，而“政策项目及措施”就不一定要按“指引”的规定进行咨询工作，“‘政策项目及措施’若被列入施政报告，须按‘指引’的规定进行咨询工作。但基于特殊情况的需要，尤其涉及紧急或重要情况，在向公众作出说明后，则不在此项”。可见，在《公共政策咨询规范性指引》的规定下，澳门公众咨询有基本的分类咨询体系，即“重大政策”一定要进行公众咨询，而“政策项目及措施”则可根据实际情况而定，未必要进行公众咨询。

从公民参与的理论角度看，以公共政策的重要性程度来作为厘定公共政策是否要公众咨询的标准并不是十分可靠，因为公共政策的重要性界定往往带有主观判断的元素，导致在“哪些政策更应该进行公众咨询”的问题上会有争论和分歧。在这方面，美国学者约翰·克莱顿·托马斯的“公民参与的有效决策模型”就指出了，“政策质量要求”和“政策可接受性要求”是两个界定公民参与适宜度的标准，“界定公民参与的适宜度主要取决于最终决策中政策质量要求（quality）和政策可接受性要求（acceptability）之间的相互限制”。[①] 一般来说，对政策质量期望高的公共政策，对公民参与的需求程度较小，而对政策接受性期望高的公

---

① 〔美〕约翰·克莱顿·托马斯：《公共决策中的公民参与：公共管理者的新技能及新策略》，孙柏瑛等译，中国人民大学出版社，第31页。

共政策，对公民参与的需求程度较高。就此，特区政府可以考虑利用“政策质量要求”和“政策可接受性要求”两个变量来对公共政策进行分类，将公共政策分为“政策质量高要求”和“政策可接受性高要求”两类公共政策，“政策质量高要求”的公共政策就可以不进行或少进行公众咨询，而“政策接受性高要求”的公共政策则需要必须进行公众参与。按照这个思路来创新澳门特区政府的分类政策咨询，就有望较为科学合理地区分“要不要做公众咨询”的界限，减少公众咨询的数量，最终解决“咨询疲劳”和“过度咨询”的问题。

（三）改革信息管理机制

《公共政策咨询规范性指引》的规定下，政府在公众咨询过程中要在咨询前收集信息和进行研究，要在咨询中适时检讨评估，要在咨询后提交公布总结报告，从而构建出较为全面的咨询信息管理机制。然而，从澳门公众咨询的运行实践中，公众却发现政府信息供给不足，公众难以获得政府相关的政策信息，从而导致公众怀疑政府政策咨询的诚意，批评政府的信息公开度不够。为此，改革公众咨询中的信息管理机制，首先要提升政府政策的透明度，提高公众获得相关政务信息的可获得性和便利性，增进公众对政府政策的了解从而增强公众意见的理性化。

改革公众咨询中的信息管理机制，还应该进一步对政策咨询文本进行规范。当前的《公共政策咨询规范性指引》在“咨询文本的设计”中就咨询文本的封面样式、行文风格以及需要内容进行了规定，特别是对咨询文本所需要具备的内容作了较为详细的规定。在这方面，可以考虑将“拟定的多个政策方案”纳入咨询文本必须提供的内容之列，并要求推行部门陈述拟定的各个政策方案的利弊，让社会深入了解，提出意见。这样改革的好处在于一方面能促使政府更加重视咨询前提的研究报告，提升前提研究报告的质量；另一方面也可以确保政府在咨询过程中的引导和导向作用，减少漫无边际的讨论，使得公众咨询中的讨论更加有针对性，提高公众咨询的效率。而拟定多个政策方案给公众选择的做法也不会挫伤“政府没有既定立场”的真诚咨询态度，反倒是政府如果只提供一个拟订方案的话，就容易引发公众怀疑政府“其实已经有立场”。

（四）落实凝聚共识机制

在实现“了解民意、凝聚共识”方面，《公共政策咨询规范性指引》主要通过“促进公众的平等参与”的原则来实现。具体而言，“指引”要求促进一般市民大众、社会团体及专业人士的平等参与，让他们在公平的环境、充裕的时间以及多元的途径等条件下参与公共政策咨询。也就是说，“指引”寄望于通过一般市民、社会团体及专业人士的平等参与，来实现公众咨询的结果是收集到具有广泛代表性的真实的民意，而不只是一般市民的意见、社团人士的意见，同时也是专业人士的意见，从而凝聚社会共识。

然而，实现凝聚共识的理想无法单独依靠“促进公众的平等参与”的原则来实现，而要依托切实的落实机制，而这方面“指引”是阙如的。为此，可以考虑在“指引”中规定，咨询总结报告的内容中要扩充到“社会达成的共识”以及“政府与社会达成的共识”两项内容。这种做法的好处首先在于可以通过“社会达成的共识”了解到多数人的想法以及社会公众的共同愿望及诉求，而不是简单地罗列社会各界及一般公众的意见。其次，“政府与社会达成的共识”可以有力规避政府部门按照自身理解提出可能违背民意和偏离民意的结论，督促政府更加客观和全面地总结分析，确保官员处理咨询工作的客观公正性，防止公众咨询的结果受到操控和歪曲。

此外，澳门特区政府还应该建立统一的公众咨询的网站，大力促进大众传媒、互联网和新媒体等交流平台的建设，拓宽公众交流意见观点的平台和机制，促成不同社会公众、社会团体乃至社会和政府的理性对话、讨论和协商。在公平和开放的对话中，避免利益相关方的矛盾对立，化解冲突，达成共识。

3.4　应对职能重叠

职能重叠是公共行政管理存在的客观现象，处理不好就会造成行政效率低下、责任关系不清晰。对澳门特区政府而言，职能重叠主要体现在各司内部的部门重叠、各司之间的部门重叠、职能部门与咨询组织之间的重叠，并蕴含了一般部门、公法人、项目组等不同部门性质的部门职能交叉。澳门特区政府部门间职能存在重叠的现象一直得不到很好的解决，尤其是市政署和相关职能部门比如体育发展局、文化局和环保局之间的职能重叠。2014 年，特区政府明确将市政署与文化局、体育发展局的职能调整及人员转移作为行政法务领域重要的施政任务，并决定启动市政署的重组。特别是在崔世安“同心致远　共享繁荣”的参选政纲中，更是把优化公共组织架构及行政运作机制作为未来五年行政改革的重要宗旨和使命，“适时进行必要的职能调整，提升部门的执行能力，力求最大限度地减少职能重叠、权责不清的问题”。[①] 解决职能重叠的新思路在于选择性地建立“大部制”以及采取整合机构和完善跨部门合作机制双管齐下的方法。

---

① 崔世安：《同心致远　共享繁荣》，参选政纲，2014 年。

3.4.1 职能重叠及其负面效应

政府各个部门的职能区分，是基于韦伯官僚制的专业化分工原理来设计的，比如有管教育的部门，有管卫生的部门，也有管金融的部门，形成了各个部门之间的工作分化。然而，在公共行政和公共管理的实践中，人们不难发现，有些公共事务确实是需要不同的政府部门共同合作来进行管理的。由此，一直以来，职能交叉是政府公共行政管理难以回避的问题。职能交叉在管理上具有相当的客观性。职能重叠，也就是政府各部门存在职能交叉和重叠的情况，多个部门共同管理某事项。换言之，职能重叠和交叉并不一定就是不好的事情，在管理中有一定的客观性和必然性。“这种交叉反映了不同行业、部门的行政管理之间，经济管理和社会管理之间，综合部门管理与专业部门管理之间无法割断的联系，是行政管理作为系统运行的过程所表现的基本特征，也是行政管理顺利进行的条件。”①

中国内地政府的职能交叉现象也较为突出，也存在部门之间职责界定不清、边界模糊的问题，成为中国内地政府行政效率低下的主要原因。具体而言，问题主要集中在食品安全、城市管理、社会保障、人力资源管理、房地产管理、音像制品管理、经营性国有资产管理等领域。有学者总结出中国内地政府职能交叉的六种典型类型，即“一是不同的机构行使相同或类似职能形成的职能交叉，二是法定职能主体与实际职能主体错位形成的职能交叉，三是非法定职能部门争相行使已有归属机构的职能而形成的职能交叉，四是由多个法定机构对同一对象进行管理而形成的

---

① 文会军：《解决地方政府部门职能交叉问题的几点思考》，中国机构网，http://www.ahjgbzw.gov.cn/szjgbzc/inc/web_content.php? id = 11933。

职能交叉，五是因职能的行使部门没有指定，或者规定不够明确，有关部门竞相进行管理活动而形成的职能交叉，六是法律、法规把原本应属于一个有机的管理整体的职能分割给两个或者几个部门行使，造成实际管理过程中职能交叉"。[①]

如果处理不当，职能重叠在政府管理的实践中会带来很多的负面效应。"职能交叉如果处理不当，出现职能重叠或管理上的真空，就可能成为互相扯皮、互相推诿的消极因素。"[②] 首先，职能重叠在很大程度上降低了行政效能，部门间的权责关系不清晰，"有利的事情抢着办，无利的事情推着办"。权责关系的含糊，必然会增加政府行政管理的成本，导致行政效率低下。其次，职能重叠是政府机构膨胀的主要诱因。职能重叠意味着部门职能的交叉和分散，而部门的分散化则意味着人员编制的相应增加。也就是说，职能重叠下的多部门共同管理是集约化的单部门整合管理的对立物。再次，职能的交叉重叠，政出多门及互相推诿的现象会使得公众办事成本增加，从而降低公众对政府的信任度。正是在这个意义上，新加坡行政改革中较为注重机构重组的原因就是为提升公众对政府的信任度。"机构重组是为了有效地提供公共物品与服务，强化人民对政府的信任与支持。"[③] 最后，职能重叠将导致问责制度难以落实。问责制度要真正运转起来，必须建立在问责对象和问责关系清晰的基础上，否则就会出现由于问责对象不清而问责不明的情况。由此可见，避免和减少职能重叠和职能交叉的问题，是政府科学行政和有效行政的前提条件

---

① 谭燕萍：《我国政府部门职能交叉中的利益博弈分析》，《学术论坛》2007年第10期，第57~58页。

② 文会军：《解决地方政府部门职能交叉问题的几点思考》，中国机构网，http://www.ahjgbzw.gov.cn/szjgbzc/inc/web_content.php?id=11933。

③ 张志斌：《从生存到卓越：新加坡的行政改革》，《公共行政评论》2009年第4期，第81页。

和基础。

3.4.2 职能重叠在澳门特区政府的主要表现

回归以来，职能重叠也一直困扰着澳门特区政府公共行政。澳门特区政府多次进行行政改革试图解决职能重叠问题，但成效不明显。综合当前澳门社会各界关于特区政府部门职能重叠的各种意见，澳门特区政府部门职能重叠主要表现在以下几个方面。

一是各个司级内部的职能重叠问题。首先是运输工务司内部的职能重叠问题。虽然运输工务司在澳门特区政府五个司的排位最末，但运输工务司内部的部门间职能重叠的问题似乎最为受到社会公众的关注，为此澳门特区政府多次表示要重点对涉及工务部门的职能进行整合。其中，建设发展办公室和运输基建办公室的职能整合问题，环保局和能源业发展办公室的有关能源规划和监督的职能重叠问题，港务局和海关对码头共同管理的问题等等，最为受到社会的关注。其次是社会文化司内部的职能重叠问题。例如，有意见就认为，教育政策具连贯性，非高教、高等教育和青年政策及事务内在具有较大的衔接性，因此可以考虑整合教育暨青年局和高等教育辅助办公室而形成统一专责的教育管理部门，这种做法有利于提升教育政策的施政效益，也符合国际经验和通例。又如，社会保障基金和社会工作局之间是否可以进一步得以整合，以形成更为统一和有效衔接的社会安全网？此外，行政法务司内部的职能重叠和经济财政司内部的职能重叠问题也进入社会的讨论中，较为明显的是行政法务司中法务局和法律改革及国际法事务局之间的职能整合问题、经济财政司中劳工事务局和人力资源办公室的职能整合问题。

二是不同司之间的职能重叠问题。其中，社会文化司与经济财政司之间的相关部门存在整合的可能性和必要性尤其值得关

注。例如，旅游局是不是整合到经济财政司的范畴更为合理，更有利于世界旅游休闲中心的实现以进一步推进澳门经济适度多元的进程？有社会意见更进一步提出应该在澳门形成“大旅游”的管理部门，以为实现“世界旅游休闲中心”奠定更好的制度基础，“虽然有旅游局应对旅游问题，但交通、民航、酒店及博彩业等与旅游息息相关范畴，却由不同范畴司级负责。从澳门现时城市定位来看，特区政府宜认真考虑设立旅游司以掌管及统筹整个旅游定向，把交通、民航（运输工务司）、酒店（旅游局）及博彩业（经济财政司）等归纳辖下，否则只是各自为政，缺乏配合协调，既会发生政务不协调的现象，也会出现行政程序受阻滞的情况”。①

除此之外，不同司之间的职能重叠问题当属市政署与其他职能部门的职能重叠最为突出。市政署是提供多项与民生息息相关的公共服务部门，其职能与多个政府职能部门的职能交叉重叠。例如，在环境保护方面，市政署与环保局都有进行资源回收的工作，而且市政署回收资源的种模比环保局还要多；在道路交通管理方面，市政署发出的道路维修等方面与交通事务局规划路面交通的职责有含糊不清的地方，有必要检讨市政署和交通事务的整合和协调问题；在体育管理和文化管理方面，文化局、体育发展局和市政署之间也存在不少职能重叠和交叉的地方，在这方面澳门特区政府已经启动相关的改革并取得了一定的成效，就是把市政署相关的职能剥离到文化局和体育发展局中，致力于形成更为合理和顺畅的部门间职能关系。

三是职能部门与相关咨询组织的职能重叠问题。澳门特区政

① 吴在权：《参考大部制经验，深化行政改革，提升施政水平》，《新华澳报》2013 年 3 月 5 日，第 P02 版。

府存在各种各样的咨询组织。截至2019年12月共有45个咨询组织存在于特区政府的各个部门之中。各个咨询组织的功能、结构、规模都不统一，这些咨询组织在发挥其作为政府社会沟通平台、辅助澳门特区政府决策作用的同时，也产生出自身不少深层次的问题，比如包括成员不够多元化和专业化、选拔标准不公开透明等问题。而当中最为本质的问题在于这些咨询组织的“官民身份”不明确，有些咨询组织的官方色彩浓一些，有些咨询组织的民间色彩浓一些。这其实反映出咨询组织缺乏一套统一的管理方式和定位，各个咨询组织的管理弹性很大，从人员结构、领导组成、会议频率等等方面都缺少规范。值得强调的是，在功能方面，咨询组织的功能并不受限于“咨询”的功能。可以说，多数咨询组织的功能定位是“制定、评估、实施政策的辅助机构”，然而也有一些咨询组织有着“政策制定和跟进落实”的职责定位。比如“人才发展委员会”就有着“负责制定、规划及协调特区人才培养的长远发展策略，并构思人才培养的短、中、长期措施和政策，落实‘精英培养计划’、‘专才激励计划’和‘应用人才促进计划’”的职责，这种职责与相关教育主管部门如何有效衔接和对接，应该也是澳门特区政府检讨职能重叠问题所不能忽视的。

最后是基于部门性质不同的部门间职能重叠的问题。部门间职能重叠在澳门的复杂性，除了以上所讲的“不仅表现在司级内部，而且表现在不同司之间和职能部门及相关咨询组织间的职能重叠”之外，还源自澳门直接行政和间接行政分化的特殊性。根据澳门有关法律的规定，澳门公共行政是由“为贯彻一般利益和澳门特区整体利益的机构及部门”所组成，并可分为“直接行政”和“间接行政”。其中，“直接行政”由“在等级上隶属于澳门特区行政长官或司长的专门机构和部门”负责；“间接行政”

由“独立运作但受澳门特区行政长官或司长监督的自治法人机构”负责。

在此规定下，直接行政机构包括一般部门、行政自治部门和行政及财政自治部门等。当中，一般部门是与澳门特区行政长官或司长有等级从属联系的组织单位，不具备行政及财政自治权。例如财政局、行政暨公职局；行政自治部门是具有本身权限作某些行政行为的组织单位，在等级上仍从属于澳门特区行政长官或司长，不具备财政自治权，例如教育暨青年局、体育发展局；行政及财政自治部门是拥有本身的权限作各种行政行为，管理专有的具有本身收入的财政预算（澳门目前没有不具法人资格的行政及财政自治部门）。间接行政机构则包括公务法人及公共财团等各种形式的部门。当中，公务法人一般来说其组织及运作与行政部门没有分别，但法律人格的赋予使它们在运作上有较大的自主权和在管理其资源时有较大的自由，例如邮政局、印务局；公共财团则以资产及相关收入为主要要素的公务法人，负责管理一项专款，该专款的资金源于拨作特定公共目的的收入，例如澳门基金会。①

由此，澳门特区政府内部的各个部门性质复杂多样，与长官或司长的关系有等级从属关系程度有别的内在区别，导致部门间关系更加微妙，部门间的协调更有难度。在这种情况下，在检讨和理顺澳门特区政府职能重叠的时候，似乎就有必要区分“一般部门及公务法人之间的职能重叠”、“一般部门与项目组之间的职能重叠”与“一般部门之间职能重叠”的归并原则和方法的不同之处。为此，笔者对行政长官及各个司长管辖下

---

① 参见《澳门资料：政府行政组织》，澳门特区政府网站，http://www.chinanews.com/ga/zlg/news/2009/04-01/1628700.shtml。

的各个部门性质进行了梳理，以作为部门间职能整合和调整的基本参考，见表8。

表8　特区政府各主要部门的部门性质总揽

	行政长官	行政法务司	经济财政司	保安司	社会文化司	运输工务司
一般部门	新闻局	行政公职局、法务局、身份证明局、法律改革及国际法事务局	经济局、财政局、统计暨普查局、劳工事务局、博彩监察协调局	警察总局、司法警察局、电信管理局、交通事务局	旅游局	土地工务运输局、地图绘制暨地籍局、地球物理暨气象局、环境保护局
行政、财政及财产自治的公务法人		市政署	消费者委员会、澳门贸易投资促进局	治安警察局福利会、司法警察局福利会、消防局福利会、海关福利会	社会保障基金	房屋局、民航局
项目组	个人资料办公室、政府发言人办公室、澳门特别行政区政府政策研究室、礼宾公关外事办公室		中国与葡语国家经贸合作论坛常设秘书处辅助办公室、金融情报办公室、人力资源办公室		澳门格兰披治大赛车委员会、澳门驻葡萄牙旅游推广暨咨询中心	建设发展办公室、能源业发展办公室、运输基建办公室
行政、财政及财产自治的公法人	基金会、科学技术发展基金、渔业发展及援助基金、楼宇维修基金	印务局、退休基金会	澳门金融管理局、工商业发展基金、汽车及航海保障基金、存款保障基金		教育发展基金	
行政自治部门				澳门保安部队事务局、澳门监狱	教育暨青年局、文化局、体育发展局	海事及水务局

注：这里只是把一些较为常见的部门性质的部门整理出来，不包含较为少见的部门性质如“行政、财政及财产自治的法人部门”等部门的整理。

3.4.3　选择性建立"大部制"

如前文所述，实行大部制是通过把不同的部门整合成同一部门，进行机构和职能的整合，将职能相近的部门合并到一起，实现职能有机统一，从而减少部门间的协调成本，是解决职能重叠的常用方法，这从国外的经验和国内多次机构改革的实践中得到说明。大部制的显著优点在于，"大部结构会在内部产生较多的平级部门和较多的等级。现代的政府组织通常采用的是马克斯·韦伯描述的官僚制结构。这一组织的运作和内部的协调主要是依靠等级结构进行的。随着组织变大，组织的控制幅度会增大，等级也就会变多。尽管等级多有它的问题，但等级控制还是有利于保证集中的领导，比起部门之间的协调在效率上自有它的优点"。①

当然，大部制并不是解决职能重叠的万灵药，大部制在政府管理的实践中也遭遇了不少阻力和难题。例如，"在这些部门形成一体的时候，如何使这些文化互相融合，产生一种组织的凝聚力，这是大部制建立面临的一个挑战。一些大部最后分开，有的是出于文化上的原因。"② 其次，大部制不是部门越大越好，大部制虽然有通过等级制的形式降低组织间协调成本的优点，但与此同时大部门会增加内部管理上的困难和运行成本。"组织越大，等级会越多，而等级多则会影响组织内部沟通的效率和有效性，影响组织的灵活性和应变能力。组织越大，内部的部门也会越多，这会增加组织内部协调的负担，并进而影响组织的工作效率。"③

这里要强调指出的是，大部制的改革和机构整合并非在做简单的数量加减法。在实践中，需要根据现实中的不同情况来判断

① 竺乾威：《大部制刍议》，《中国行政管理》2008 年第 3 期，第 27 页。
② 竺乾威：《大部制刍议》，《中国行政管理》2008 年第 3 期，第 27 页。
③ 竺乾威：《大部制刍议》，《中国行政管理》2008 年第 3 期，第 27 页。

是否要整合成大机构。在这方面，学界已经进行过有益的探索。例如，有学者就指出，对于“职能相似的公共部门到底应该合并还是共存”事实上存在“集体行动理论”（Logic of Collective Action）和“部门冗余理论”（Theory of Bureaucratic Redundancy）两种理论的不同回答，即“集体行动理论”主张排除职能竞争者来防止机构效率下降，“部门冗余理论”则主张在公共物品的提供和服务中引入竞争来提高公共部门的效率，“美国在各个领域的公共机构设置上都刻意安排了职能上的重叠与交叉。如美国的社会福利政策长期以来都由多个部门共同管理”。[①] 就此，该学者从“公共服务供给的关联性”以及“集体奖励的可分割性”为维度对公共服务服务进行了分类，并指出了诸如国防、外交、公共安全、流域治理、环境保护、公务员队伍建设等低供应关联性和集体奖励不可分割的公共物品，应该坚持“大部门制”的整合管理法则，而对于高供应关联性及集体奖励可分割的公共物品，则适合用引入职能竞争的多部门管理制。在这个基础上，也有学者指出，采取“大部门制”还是“小部门制”没有绝对的标准，需要具体问题具体分析，“管理专业化程度较高、业务性质较单一的领域，应该更多考虑效率价值，即走小部门体制之路；管理专业化程度不高、业务性质多元、涉及较多利益主体的领域以及行政执法和市场监管方面的机构设置，要注重效率与公平的统一，有的适合大部门体制，有的适合小部门体制”。[②]

由此，澳门特区政府在进行机构整合的过程中，不能追求一味的整合和合并，而是要根据公共服务的性质加以判断。有些公

---

① 朱旭峰：《服务型政府与政府机构改革：一个公共物品的集体供给理论》，《中国行政管理》2010 年第 3 期，第 114 页。

② 陈天祥：《政府机构改革的价值逻辑——兼论大部制机构改革》，《中山大学学报》（社会科学版）2012 年第 2 期，第 154 页。

共服务按照集约式的管理方式更为合理，而有些公共服务则依照分散化的管理模式更为有利，不能一刀切，不能过于迷信“大部制”。而且，在推行机构整合和归并的道路上，应该充分意识到“大部制”内在的风险和阻力，例如文化上的不契合、等级制的内在弊端等问题，从澳门的实际情况出发渐进有序地推进改革。

3.4.4　完善跨部门合作机制

综上所述，职能重叠的问题并不是单一的机构整合机制所能完成的。沿着这种思路，澳门解决职能重叠的关键是在进行机构整合的同时，要不断完善既有的跨部门合作机制。不可否认，澳门已经建立了跨部门合作机制。然而，从跨部门工作机制运行的实际成效来看，跨部门合作小组的工作成效不尽如人意，与市民要求存在较大的差距。完善澳门的跨部门合作机制，需要着眼于从协调部门利益关系、建立正式结构和非正式结构相结合的合作机制、建立纵向协调和横向协调相结合的多层次协调机制以及增强部门间的互相信任和信息共享等几个方面进行制度设计。

首先需要协调部门利益关系。政府部门职能重叠和不清的加剧很大程度上根源于各个部门的部门本位主义。由于职能部门为利益驱动，导致部门不适当地追求所在部门的利益最大化，最终放大了职能交叉。“在行政系统内部存在着由复杂的利益关系所形成的利益结构，其中充满了深刻的矛盾。这种利益矛盾来自行政机构内部的角色冲突、行政行为相对成本的差异、不同行业和不同体制下人们获得利益的总量与行政机构中人们获得利益总量之间的反差。”① 由此，要理顺部门间的职能关系，首要的环节在

① 李景鹏：“序言”，载夏海《政府的自我革命——中国政府机构改革研究》，中国法制出版社，2004，第 8 ~9 页。

于维系各个部门的基本利益，协调部门间的利益关系，确保部门间的合理利益均衡。

其次，建立横向协调和纵向协调相结合的多层次协调机制。在这方面，可参考澳大利亚关于建立整体政府与跨部门协同机制的改革，构建宏观、中观和微观三个层面的协调机制。“宏观决策协同层是针对国家所有政策领域设计的跨部门协同运行机制，强调顶层、综合、系统和政策的一致性；中观政策协调层是针对国家某一政策领域内的政府跨部门协同机制，强调依法规划、协调、合作、监督；微观服务供应或政策执行层指的是某个具体部门内的管理政策或服务项目执行过程中的跨部门协同运行机制。”①

最后，增强部门间的合作信任和信息共享。一方面，信任是部门间合作的基本润滑剂，缺乏了相互信任，部门间的合作就会陷入互相猜忌和怀疑的死胡同中而无法促成真正互利双赢的良性合作，甚至出现合作中相互卸责的结果，导致跨部门合作中的“责任空心化”，根本无法空谈“整体性政府”的实现。“不论是‘协同政府’、‘整体政府’还是其他形式的以跨部门合作作为行政理念的政府形态都充分提出了合作部门之间相互信任的重要性，没有信任的合作行动是低效的，甚至是不可能完成的。”② 由此，信任关系的培育和形成，是完善跨部门合作机制不可绕开的环节。另一方面，随着现代公共行政管理的日益信息化和复杂化，信息共享也称为跨部门合作机制重要的组成部分。事实上，从20世纪90年代开始，政府碎片化治理进一步加深，对金钱和

① 孙迎春：《澳大利亚整体政府改革与跨部门协同机制》，《中国行政管理》2013年第11期，第96～97页。

② 陈曦：《跨部门合作机制对我国政府的启示》，《学术探索》2015年第4期，第26页。

信息等资源进行整合成为迫切需要。“信息系统也是整体政府进行整体性运作，提供整合性公共服务的一个重要组成部分。现代信息技术是整体政府发挥作用的技术支撑。”[①] 由此，部门间合作乃至整体政府的实现，需要以现代信息技术的共享为基础，最终使部门间的关系从分离走向协同成为可能。

① 曾维和：《后新公共管理时代的跨部门协同——评希克斯的整体政府理论》，《社会科学》2012年第5期，第41页。

第4章　绩效治理：政府改革的发展朝向

政府绩效治理制度，又称“政府绩效管理制度”，指的是“政府在公共行政管理过程中，政府借鉴企业绩效管理的经验与做法，对影响政府绩效的各种要素和各环节所进行的全面、系统的管理活动，以改善和提高政府绩效水平”。其中，政府绩效治理制度的核心是“政府绩效评估制度”，就是“根据一定的目标、方法和尺度，对各级地方政府及其工作人员的绩效进行测量、考核，反映其工作的实际效果，从而奖优罚劣，促进政府改进工作，提升管理效率和服务质量”。① 可见，“政府绩效治理制度”或“政府绩效管理制度”的内涵比“政府绩效评估制度”更为宽广，它涵盖对政府绩效评估的系统管理活动。

“政府绩效管理”“政府绩效评估”源于20世纪70～80年代“用企业家精神来改革政府”的新公共管理运动。随着新公共管理运动的兴起，政府绩效评估成为公共部门再造运动的重点。这场运动的本质是将企业管理的一些管理方法和技术引入到政府管理中来。实践证明，由于政府与企业的天然差异，有些管理方法和技术不能简单地套用到政府管理中。但不管怎样，随着新公共管理运动在各国的兴起和发展，绩效评估制度成为一项有助于提

① 参见倪星《中国地方政府治理绩效评估研究的发展方向》，《政治学研究》2007年第4期，第92页。

升政府绩效的有效管理工具。在某种意义讲，政府绩效治理制度是当前国际公共行政改革的主要潮流和重头戏。在政府部门引入绩效评估的逻辑前提在于：政府管理应该向私人企业管理学习和引入类似绩效评估与管理这样的优秀的管理手段和管理工具。然而，企业管理和政府管理在本质上是两个截然不同的领域，决定了企业绩效测量和管理的方法不能直接用在政府身上。这种情况下，世界各个国家和地区的政府开始了各自的探索，在“测量什么绩效”、“用什么指标测绩效”及“如何处理、运用测量结果”等方面开展不同的政府绩效评估实践。

本章试图通过关于政府绩效治理的制度背景及目标的简要介绍，揭示政府绩效治理制度的意义及其在澳门的发展空间，并尝试提出澳门特区在推行政府绩效治理制度的把握重点。笔者认为，澳门有必要、有基础推行政府绩效治理制度，澳门建立政府绩效治理制度有很好的发展空间，在掌握好评估主体、评估方法和评估结果运用的前提下，政府绩效治理制度将是澳门未来公共行政改革的重点。

4.1　澳门建立绩效治理制度的发展动因

回归以来，澳门特区政府尽管推出了一系列的行政改革，但有的改革成效不高，社会对此也有一些不满的意见和声音。为了更好到提升澳门特区政府的行政效率，提高政策执行能力，特区政府有必要寻找更好的突破口来推进特区政府的行政改革。崔世安行政长官在 2013 年施政报告中首次明确提出建立政府绩效治理制度，显示澳门特区政府对政府绩效的充分重视，并把领导官员的绩效评审制度作为政府绩效治理制度的突破口，“明年，我们将建立政府绩效治理制度，把部门的执行力和执行效果、对既定政策是否有具体且有效的行动响应、政策是否达到目标，作为评估绩效的重要指标，首先开始实行领导官员的绩效评审制度，促进和增强公务人员的责任感、服务意识和职业伦理修养，目的在于从制度上提升政府的施政效能”。[①] 因此，政府绩效治理制度的提出，很大程度上是澳门特区政府响应社会要求，基于自身公共行政的实际情况而提出的改革方案，希望借此提升政府的执行力和管治能力。

作为国际通行的一种改革政府的有效工具，政府绩效治理制度的引入将有助于澳门特区政府进一步提升行政效率和执行力，符合澳门特区政府阳光政府和科学决策的治理理念。因此，从“引入国际政府改革先进经验”、“解决自身存在问题”以及实现“公民导向”的服务型政府等方面看，政府绩效治理制度在澳门的引入和建立都有积极的、正面的意义。

4.1.1 测量政府绩效的一般动因

作为改革政府的一个工具，绩效管理体现的是用私人部门的管理技术来改造政府的精神。西方国家政府把作为一项管理技术和工具的绩效评估引入公共部门之际，其基本理念是很明确的，即评估本身不是目的，不能为了评估而评估。说到底，政府绩效评估只是改良政府管理的工具，引入绩效评估的目的在于完善政府管理。然而，关于为什么要进行政府绩效测量和管理，可谓众说纷纭。对此，美国学者 Behn Robert D. 综合各个学者的观点，对政府绩效测量和评估的管理目的进行了较为全面的理论概括和归纳，总结出政府绩效测量的 8 种不同的管理目的和动因，即评

① 《二〇一三年财政年度施政报告》，中华人民共和国澳门特别行政区，2012 年 11 月 13 日。

价（evaluate）、控制（control）、预算（budget）、激励（motivate）、宣传（promote）、表彰（celebrate）、学习（learn）和提升（improve）等8种动因。①

（一）评价政府机构做得怎样

评估是测量政府绩效显而易见的目的，了解政府做得如何，无非就是要对政府的绩效做出评价。为达成对政府绩效的评估，前提条件是要了解政府的工作目标。因此，目标、战略及使命的明确化是西方国家评估政府绩效的起始环节。也就是说，要评估政府的绩效，首先就是了解政府的工作目标和任务是什么，由此才可以进行工作表现是否达目标判断。如果不知道工作目标和任务是什么，根本就无法绩效的测量和评估。因此，一个明确的，各方都达成共识的目标是成功进行绩效评估的前提条件。如果评估者和被评估者对所追究的工作目标有分歧，那么肯定无法完成有效的政府绩效评估。换言之，政府绩效测量是为绩效评价提供依据和标准，而绩效评价的依据和标准则需要结合工作目标的确立。当然，除了确定绩效目标外，良好的、合理的指标体系对评价政府绩效也非常重要。

（二）控制下属完成既定的工作

通过绩效测量和评估，公共领导和管理者可以分辨下属是否执行和服从他们的指令。一般来讲，政府人员绩效的评估主体是上级领导。上级领导一旦掌握了评估的权力和工具，就不难对下属进行控制和领导，并树立良好的管理威信，确保下级能服从指令，从而完成上情下达的行政管理体系。假如没有绩效评估这项

① 参照 Behn Robert D.，"Why Measure Performance? Different Purposes Require Different Measures"，*Public Administration Review*，Sep/Oct 2003，63（5），ProQuest，pp. 586 - 606。

技术和制度，管理者对下级完成的工作状况就无从掌握，无法知道下级是否按照既定的工作来执行和完成，而且可能导致下级怠工、消极工作等情况，无法提升下级工作的积极性，也没有办法确保下级对上级工作的忠诚度和执行力。

（三）对资源进行预算分配

绩效测量可以帮助官员进行预算的分配，即进行结果导向的预算和绩效导向的预算。在政府管理的实践中，税收分配在某种程度上是一个政治决定，通常是政治的选择和优先性而不是绩效来决定预算分配。因此，绩效预算在实践中会面临一些困惑。比如，如果政府消防局的绩效较差，那么政府是应该加大还是削减对消防局的预算？如果是按照绩效预算的思路，显然是要削减对消防局的预算。但事实的情况却往往并非如此。如果发现消防局绩效较差恰恰是因为预算太低的原因，那么就需要增加消防局的预算。因此，绩效预算更多的是宣传一种绩效导向的预算理念，实际层面的公共预算远比绩效预算更为复杂。当然，在一些微观层面的事务管理中，管理者会发现绩效预算对于处理一些微观问题非常有用。

（四）激励人员提升绩效

绩效测量和评估，可以成为激励人员提升绩效的有效工具。一方面，通过绩效评估，将绩效好的人员作为绩效标杆，从而刺激绩效较差的人员来学习绩效好的人员的经验和做法来提升绩效；另一方面，绩效管理制度中在绩效结果应用方面有相关的奖惩机制，可以进一步激励人员提升自身的绩效。

（五）对外宣传政府的工作

当前公众对政府的要求日益提高，很多公众都会认为政府行政效率低、效益不高。事实上，在日益复杂的公共事务管理面前，政府面临的挑战越来越大，即便政府做了很多工作，也很难获得公众较高的满意度。因此，为了提高公众对政府的认同感和满意度，政府需要学会对自身的工作成绩进行宣传，证明政府确实是做了一些服务市民和社会的事情。通过绩效测量和评估，政府就找到了证明自身工作的切实依据，从而可以帮助政府获得更多的公众支持。

（六）表彰突出的业绩

所有的组织都有需要去庆祝和表彰组织的成绩，政府也不例外。表彰通过庆祝业绩的仪式，将个人表现和组织荣耀紧密联系起来，肯定和表扬成绩突出的个人和部门，同时作为其他个人和部门进步的动力，并有助于形成组织的凝聚力和向心力。

（七）分析学习影响绩效高低的原因

绩效测量和评估过程中，会产生大量的绩效信息。这些绩效信息不仅可以用来评价绩效，还有助于管理者分析和学习影响绩效高低的原因。这就需要管理者学会从绩效评估中获取相关的信息。事实上，绩效评估产生的绩效信息是非常繁杂的，不同的人从同一个评估对象中可获得不同的信息，也可以给予不同的解释。绩效信息过多会产生噪声，使管理者无法获取真正有用的信息。由此，管理者如何学会利用和解读相关的绩效信息，从而获得影响绩效高低的关键原因，并不是一件容易的事情。

（八）提升政府绩效

测量绩效和评估绩效最终的目的是为了提升绩效。可以说，提升绩效是绩效评估的终极目标和综合目标。绩效测量可以用来评估、预算、激励、学习、表彰、宣传等目标，但这些目标最终都要回归到绩效提升的原点上。通过绩效评估，政府发现自己的成绩和不足之后，就需要思考如何改善不足，扬长避短，如何做得更好，如何对提升绩效展开一系列改进工作。

总而言之，政府绩效治理制度的主要目的在于明白被评估人的绩效现状，发现存在的问题，并提出完善绩效的方向和途径，其目标定位更多的是正面、积极地促进绩效而不是惩罚绩效不合格的人员或机构。为了达成政府绩效改善，政府绩效治理制度主张的是评估者与被评估者的相互沟通、协商的互动模式，而不是传统目标管理的自上而下的命令强加模式。“它与目标管理的一个重大区别就是‘以共识为基础’，强调沟通、协商、广泛介入和授权。”① 事实上，“绩效治理”的“治理”一词，强调的就是“合作”“回应”“透明”等核心价值，而评估者与被评估者的双向互动是表现“合作”“回应”“透明”等价值的绝好方式。由此，在政府绩效治理制度的实践中，需要凸显政府绩效治理制度，“改善政府绩效”的制度目的，促进双向沟通互动的制度方式。

4.1.2 澳门特区政府绩效管理制度的基本动因

早在2004年，澳门特别行政区政府就提出了要在政府相关部门中引入平衡计分卡的制度。② 这意味着澳门特区政府在回归后不久便意识到提升政府绩效的议题。然而实际上，平衡计分卡在政府公共部门并没有得到实质性的应用。直到2013年的政府施政报告，澳门特区政府才正式提出要建立政府绩效治理制度。澳门政府绩效治理制度（管理制度）③ 的提出，基本上着眼于为行政

① 周志忍：《我国政府绩效评估需要思考的几个问题》，《行政管理改革》2011年第4期，第41页。

② 曾军荣、吴帅：《澳门特区行政改革：动因、策略与难题》，“第三届“21世纪的公共管理：机遇与挑战”国际学术研讨会”论文集（澳门），2008年10月。

③ 2013年特区政府的施政报告中称为“政府绩效治理制度”，2014年特区政府的施政报告则改称为“政府绩效管理制度”。

改革寻求突破口、为官员问责寻求切实理据、人员评核问责体系的系统化以及提升政府执行力四个方面的基本考虑。

（一）寻求行政改革的突破口

从回归开始，澳门特区政府就一直非常重视展开行政改革以提升政府的管治能力。澳门行政改革的内容非常全面，从服务素质的提升、公职人员制度的改革到部门职能的整合、咨询制度的改革等等，广泛地涵盖了政府内部管理改革和理顺政府公众关系两个层面的内容。从时间发展次序来看，在政府绩效管理制度提出之前，澳门的行政改革可以大致划分为三个阶段：第一阶段是从回归后到 2007 年公共行政改革路线图提出以前，这一时期的行政改革的内容包括提出行政服务承诺计划、推行一站式服务和电子政府，同时也包括减少行政程序、提升行政效率等一系列改革措施；第二阶段主要是 2007 年提出的行政改革路线图，从 2007 年到 2009 年，这一时期的行政改革分为内部管理的改革和政策过程的改革两大改革主线，对公务人员制度、廉政制度、公共会计、政府采购制度、流程再造、机构重组、电子政府以及咨询制度等范畴进行了全面的探索；第三阶段主要是第三届特区政府成立以后进行的科学决策和阳光政府的改革，主要是试图通过强化政策咨询的科学化和提升施政透明度来实现政府治理的不断完善和改进。

经过三个阶段的行政改革，澳门的行政改革取得了一定的成绩，比如特区政府的服务素质比回归前有所提升，公职法律制度有了一定的改善。对此，澳门特区政府在《〈公共行政改革路线图〉总结及执行情况报告》的文件中也明确指出，“《路线图》的成效除反映在强化了改革的中央统筹，提升了公共服务水平，加强了政府内部管理，以至完成一系列政策法规外，更为关键的是有助建立着重团队精神的优良组织文化，增强沟通关怀，打破部门之间的各自为政，为日后持续的改革建立了稳固基础。公务人员透过《路线图》的落实，在推进工作的同时，提升了施政执行能力及管理决策水平”。[①] 但总体而言，澳门行政改革的成效不高，得不到社会公众的认可。不少社会意见认为，行政法务领域的改革进步不大，政府行政改革大大滞后于经济社会的发展。其中，政府机构人员膨胀的问题、政出多门的问题最受市民关注。政府规模越来越大、人员越来越多的问题也困扰着政府施政，部门职能重叠的问题尚没有得到根本性的改观。究其原因，政府之前推出的改革面太多而没有重点，导致行政改革面面俱到而难以对某个重点和领域进行突破，这就需要澳门特区政府选择一个新的重点和进行行政改革的突破口。

由此，政府绩效管理的提出，是政府行政改革多行无效之下的产物。政府绩效管理制度在澳门的诞生，从一开始就背负着深化行政改革、提升市民对政府信任的重任。

（二）寻求官员问责的切实理据

政府绩效管理制度在澳门受到重视的另外一个重要原因在于官员问责制落实的需要。官员问责制从2009年有了相关的法律法规后，却没有官员为犯错而承担责任的情形发生。被社会质疑为官员问责制是空有制度而无法落实，是“形式化”的制度。社会认为，如果绩效管理制度成立以后，对官员的考核有了明确的标准后，就可以有一个相对客观的标准对官员进行问责。因为有了绩效评估之后，官员做得好、一般还是不好，就可以有一个甄别的根据，这样就可以让做得不好、犯了错误、造成公众损失的官员可以受到实质性的惩罚，官员问责制就可以真正运转起来，而

① 《〈公共行政改革路线图〉总结及执行情况报告》，澳门特区政府网站，2009年12月。

不是停留在法律文本的规定之中。

（三）人员评核问责体系的系统化

澳门原来的公共行政人员中，一般的公共行政工作人员有一般公共行政人员工作表现评核制度的规定，需要接受工作表现的评核；主要官员也有主要官员的问责制度；唯独局长这一级的官员没有专门的评核制度和问责制度。因此，政府绩效治理制度的最初动因致力于将人员评核和问责整套体系系统化，通过建立专门的领导官员评审制度，同时与已有的公共行政工作人员工作表现评核制度、主要官员问责制度共同构建特区政府人员评核和问责的三层制度架构，让澳门特区政府的人员考核与责任机制得以系统化和全面化。

（四）提升政府执行力

澳门特区政府绩效管理制度的动因，很大程度上是为了提升政府的执行力的需要。2013 年的施政报告中已经明确指出了这一点，就是“特区政府坚持‘科学施政’理念，贯彻科学决策，增加施政透明度。然而，经验表明，政府在推出政策后，因为执行力的问题，效果有时未能尽如人意。面对这些问题，我们需要彻底检讨并积极改善”。可见，政府绩效管理制度推出的一个重要原因，在于提升政府执行力的考虑，破解特区政府政策科学化以后执行不力的困境。

4.1.3　澳门政府绩效管理制度动因的特殊性

在澳门特区政府 2013 年的施政报告中，行政长官提出了 2013 年公共行政的新制度设想，就是建立政府绩效治理制度，以更好地提升澳门特区政府的政策执行能力。“我们将建立政府绩效治理制度，把部门的执行力和执行效果、对既定政策是否有具体且有效的行动响应、政策是否达到目标，作为评估绩效的重要指标，首先开始实行领导官员的绩效评审制度，促进和增强公务人员的责任感、服务意识和职业伦理修养，目的在于从制度上提升政府的施政效能。”由此，不难看出澳门推行政府绩效管理制度的特殊性。

（一）政府的自我改革多于社会的外部要求改革

作为行政改革的重要组成部分，澳门特区政府绩效管理制度的动因与西方行政改革的动因不完全一致。西方行政改革的动因主要体现在管理危机、财政危机和信任危机。澳门近些年经济快速发展，特区政府拥有相当可观的财政盈余，根本不存在财政危机的问题，这就意味着作为促动行政改革最重要而客观迫切的改革动因在澳门是不存在的。相比之下，在澳门市民的公民意识的不断觉醒以及日益提升的民生福利要求之下，特区政府的管治能力相比之下难以达到社会的要求，一定程度上存在管理危机和信任危机，但没有达到很严重的地步。尤其是2012年底推出政府绩效管理制度的时候，政府更多是顺境中的改革而不是逆境中的改革，更多的是缘于政府完善自身的主动改革而不是社会强迫的改革。这种改革需要政府付出更多的努力和勇气，才可以更好地推进和完善政府绩效管理制度。

（二）注重人员的绩效评核

一般而言，政府绩效评估可以分为对人员绩效的评估、组织绩效的评估、项目绩效的评估、政策绩效评估以及财政绩效评估等方面。很多国家和地区在推行政府绩效管理的时候，都会注重从以上几个方面进行推进。澳门的情况有所不同，澳门较为偏重人员绩效的评估。从目前政府绩效管理制度的重心来看，主要是基于人员特别是领导官员的绩效评核制度来作为整个政府绩效管理制度的起始环节。相对而言，诸如财政评估、项目评估、政策评估、部门评核等环节，在澳门没有受到政府和社会的广泛关注。

（三）澳门可以从深层面的意义来推进政府绩效管理制度

政府绩效评估是当前世界各国用来改良政府绩效的一个良好工具。整体来看，政府绩效评估可以帮助政府更好实现“内部控制”和“外部责任”两个方面的目标，它既可以帮助公共管理者意识到哪些方面需要改进来提升绩效和改进公共服务，也可以通过公众的参与促进政府与公众的沟通来确保政府对公众和社会的责任心。正如 Benn 所描述的那样，政府绩效管理制度的意义是多方面的，澳门当前看到的更多是提升执行力（控制）、人员评价、绩效提升等方面的意义，没有特别重视诸如绩效评估内在的学习、推销、表彰等方面的价值。对此，澳门可以借鉴和采用，以彰显政府绩效管理制度对澳门行政改革更深刻的意义。

首先是学习的价值。通过绩效管理制度的引入，澳门可以发现部门或官员做得好或不好的经验和原因，由此可以掌握一些提升绩效的方法。比如，好的官员有一套好的经验和做法，那么这套经验和做法在一定范围内可以成为标杆并加以推广，以此通过学习的方式实现绩效的提升。其次是宣传的价值。政府需要向社会各界传播“宣传”的价值，通过绩效评估的方式，让社会知道政府部门和官员确实努力做了事情并取得一定的成绩，可以增强公众对政府的信任感，更加理解政府和相信政府。最后是表彰和激励的价值。在绩效评估的结果应用方面有两个误区，一是束之高阁，二是急功近利。这两种误区往往导致绩效评估的结果应用陷入一个左右为难的困境。既然公共部门的绩效评估结果很难集中于物质奖励或职务升迁，那么就不妨适度强化表彰的作用，通过精神奖励和荣誉奖励的方式来奖励绩效好的人和组织，从而确保绩效评估的激励性。

4.2 澳门特区政府绩效管理的现有体系

政府绩效治理的内涵和形式多种多样。从绩效标准看，政府绩效评估有工作数量、服务数量的标准，也有工作质量、服务质量的标准；从绩效对象看，政府绩效评估包括对人员的评估，也包括对部门的评估、对项目的评估以及对公共服务的评估等等；从绩效内容看，政府绩效涵盖政治绩效、社会绩效、经济绩效等内容；从绩效评估主体看，评估者可以是政府专门机构的评估，也可以是社会第三方或公众来评估；从评估方式看，政府绩效评估有主观的评估，也有客观评估。

一般而言，政府绩效评估体系主要包括公务人员的评估、政府体制内部对公共部门的评估以及公众对政府部门的评估三个部分的内容。澳门的政府绩效体系对应的是公务人员工作表现评核，廉政公署、审计署的劝谕以及公众满意度调查三个方面的内容。

4.2.1 澳门公务人员工作表现评核

澳门公务人员工作表现评核制度的法规规范主要包括第8/2004号法律《公共行政工作人员工作表现评核原则》以及第31/2004号行政法规《公共行政工作人员的工作表现评核一般制度》。该评核制度坚持客观、公正、平等、无私等原则，设立了工作成效、责任感等七个必须评核项目，以及主动性、革新及创造力等八个非必须项目，涵盖平常评核、主管评核、特别评核、简要评核等四种评核方式，厘定了“优异”、“十分满意”、“满意”、“不大满意”和“不满意”五个评核等级。总体上看，公共行政工作人员工作表现评核制度对原来的人员评核制度存在的问题进行了一定的改革，引入了自我评核等新的评核方法，扩大了评核等级，取得了一定的改革成效，对提高澳门公务人员工作的积极性和主动性有一定的激励作用。

澳门公务人员工作表现评核制度于 2005 年 1 月 1 日正式生效，强调的是针对澳门公务人员执行职务时的工作表现进行评核。澳门公务人员工作表现评核制度，坚持伦理、诚实、公平、公正、无私及平等原则，是澳门特区政府公共行政改革的重要环节，具有比较明显的制度特色。

首先，澳门公务人员工作表现评核制度有规范的评核程序，前后包括三次评核会议，是一项持续系统、定期的评估。评核程序规定，在评核人会议后到第二年 1 月 15 日期间，评核人须与被评核人举行第一次评核会议，确定在即将开始的评核期间，工作人员将达到的目标和成果，通过目标的澄清，促使工作人员反思本身的潜力，提升个人的工作责任感；第二次会议在评核所针对期间的中段举行，查核工作人员对第一次会议所定目标和成果的达标情况；第三次会议则在评核所针对之年的 12 月份到第二年的 1 月 15 日举行，对被评核人的工作表现作最后评审，并对改善工作表现的措施达成协议。

其次，按照工作环境、职务范围及性质，以及其所属部门的架构、目标和活动计划，评核制度分类设置了各种组别的评核项目。评核方法针对公务员评估对象和岗位的特殊性，不同层级、不同岗位的公务员设定不同的目标。在评估项目的设置上共有 15 个，所有人员都需要评核的有 7 个，即强制性的评核项目，包括工作成效、责任感、不断改善工作、适应性和灵活性、工作上的人际关系、工作岗位的勤谨态度、工作时间的管理；按职务性质而决定是否采用的评核项目有 8 个，即主动性和自主能力、革新及创造力、资源管理、团队工作、与公众的关系、团队的管理与领导、协商及决策、工作上的使命感。在评分方法上，各评核项目以1~5分计算。其中，工作成效和责任感作两倍评分计算。

4.2.2 廉政公署、审计署的工作

依照澳门基本法的规定，澳门特别行政区设立独立工作的廉政公署和审计署。回归以来，廉政公署强化行政申诉机制和市民投诉机制，塑造廉洁文化，致力于把澳门建成公正廉洁的社会，成为政府肃贪倡廉最有力的工具。2008年8月，立法会通过了《廉政公署组织法》，赋予了廉政公署前所未有的权力，包括赋予调查员刑事警察的身份，以及增加了拘留、搜查、搜索、扣押、配枪等权力，形成廉政公署地位独立、调查侦查独立、依法自由取证、程序自主等特点。此外，澳门特区政府全面开展审计工作，依法赋予审计署的权力，确保审计署的独立性，审计署在全力做好账目审计和专项审计的同时，开展“衡工量值式”的审计工作。

回归以来，在中央政府的支持下，澳门特区政府坚持以博彩旅游业为龙头的经济发展战略，在赌权开放、自由行政策、申遗成功以及CEPA等各种因素的刺激下，推动经济快速发展。经济的快速发展带来了利益分配格局的重新调整，也释放出前所未有的种种利益输送的空间，这是澳门特区政府原有的廉政制度所无法预料和规范的。正是在巨大的经济利益诱因下，极少数位高权重的高级官员因为权力制约的不足出现了贪腐行为，最终酝酿出震惊澳门的欧文龙事件。欧文龙事件的暴露，使澳门特区政府的声誉一度跌至谷底，澳门特区政府的威望、市民对特区政府的信任度直线下降。

欧文龙事件之后，澳门特区政府痛定思痛，更加重视廉政建设在施政过程中的核心地位。政府首先设立了政府信息中心，让

公众更为方便快捷地了解相关的政府信息，逐步提升施政的透明度。同时，澳门特区政府逐步认识到在土地批给、财政支出及公共工程批给等领域所存在的制度短缺，在 2008 年的施政报告中提出了要扩大廉政公署的法定权力，并将监察范围伸延至私人领域，实现政府和社会对廉政建设的更大承担。2008 年，澳门特区政府试行“取得资产、劳务及工程开支指引”；2009 年，完成了《公共财政管理制度》的修改，积极检讨及完善采购制度，推行“公共工程咨询标系统化制度”。

澳门特区政府完善廉政制度的努力获得了相关国际组织及澳门市民的认同。《政经风险评估》2008 年发表的年报评估了 13 个亚洲国家及地区，澳门以 3.3 分在 13 个国家和地区中排行第四，廉洁水平仅次于新加坡、香港地区及日本。与 2007 年相比，2008 年澳门廉洁程度有所提高。[①] 澳门廉政公署 2009 年问卷调查结果也显示，市民对廉政工作的满意度逐年提升。

作为独立工作、向行政长官负责的监察部门，廉政公署和审计署除了监察行政机关的廉政建设之外，还着重监察澳门特区政府行政部门的行政合理性及政府效能等问题。特别是廉政公署、审计署对包括运输建设办公室、澳门基金会等部门发出了报告，进行规劝，发挥了政府绩效评估的功能，它表现出以下几个特点。

第一，廉政公署和审计署的报告并不是对每个政府部门都进行，而是针对那些存在一定问题的部门。从这个角度看，这种政府绩效评估指向的是那些做得不好或做得不够好的部门而不是所有的政府部门。从澳门廉政公署和审计署报告的实践看，廉政公

① 该调查以 10 分为贪污情况最严重、分数越低越廉洁来排名，澳门在 2007 年的得分为 5.18 分。

署和审计署在报告中会指出相关政府部门存在的问题，并要求相关部门向廉政公署和审计署做出解释，同时提出相关的改进建议。

第二，廉政公署和审计署报告并不是专门的政府绩效评估报告，而是以“劝喻”的形式指出部门的不当做法并要求响应和改善。廉政公署和审计署报告没有设立专门的评估指标体系，也没有设立有关评估结果运用的制度，严格意义上不是专门的政府绩效评估报告。但不管怎样，廉政公署和审计署报告由于指出了部门行政一些不当和不好的做法，确实起到了对政府效能的监督、督促和评价的功能。

第三，虽然廉政公署和审计署报告不是命令而是建议，但相关部门非常重视并积极响应廉政公署和审计署的报告。行政长官在公开场合上指出廉政公署报告所提出来的意见是建议而不是行政命令，肯定廉政公署和审计署报告的正面作用，认同其对部门行政有提升和促进作用。从近几年澳门特区政府廉政公署和审计署的报告的作用看，相关的政府部门都非常重视廉政公署的报告，根据廉政公署的报告来审视自身行政的合理和效能，有些部门依据廉政公署的报告建议形成了部门改革的方向和措施。

4.2.3　市民满意度调查与公众参与

长期以来，澳门的公众参与处于一种不太发达的状态。由于历史的原因，在澳葡时代，澳门的华人参与社会公共事务和政治事务的空间狭小，普通的市民特别是中下层的民众较少介入到社会公共事务的管理之中。在许多澳门民众看来，公民参与、公众参与是少数精英的参与，形成了澳门市民的“参与冷感”和“政治冷感”。

回归后，在“一国两制”“澳人治澳”的政制框架下，澳门的公众参与空间得到了释放，公众参与的积极性和参与热情空前

高涨。从参与形式看，普通市民除了加入社团参与社会公共事务的活动以后，也形成了一些自发的、个体的公共参与和社会参与，包括对政府的政策咨询文本提出建议，也包括在几次“五一”游行中走上街头表达利益要求以及对政府施政的意见。从总体上看，虽然澳门公众参与的整体水平不高，但随着教育水平的提高，“澳人治澳”意识的提升，以及社会的日益发展，澳门的公众参与呈现稳步发展和逐步普及的态势，比如佑汉小区经常举行的居民论坛，就成为居民表达要求的例行通道。

首先，公众参与意识明显提高。20 世纪 90 年代一个关于澳门政治文化的研究表明，“政治参与已被大多数澳门人视为改善生活质素的途径。大部分的澳门人甚至认为，向政府表达对公共事务的意见是市民的责任。事实上，绝大部分的澳门华人认为一个好市民有义务去参加选举投票”。[①] 2010 年发生的“轻轨经伦敦街”事件更是表明了，澳门的公众参与并不是少数人的参与，普通的居民在城市规划、交通等领域已经显示出参与社会公共事务的积极性和主动性。在“轻轨经伦敦街”事件中，40 多名新口岸填海区伦敦街、波尔图街居民代表到相关的政府部门反映意见，提出更改轻轨路线走向的要求。他们认为，轻轨营运带来的噪音、空气污染破坏将破坏伦敦街一带的环境，反对轻轨以高架方式穿越文化中心经伦敦街的路线安排，希望与政府建立理性的沟通机制，取得平衡发展。这体现出澳门的公众参与意识已经日益普及，特别是在面对一些与居民利益相关的小区性公共事务面前，居民一改之前“被动参与”的姿态，主动积极地谋求与政府的沟通对话，了解政府的设想和解释，施加其对政府公共政策的

① 余振、刘伯龙、吴德荣：《澳门华人政治文化》，澳门基金会出版，1993 年 3 月，第 136 ~ 137 页。

影响力。

其次，公众咨询成为政府重要决策之前的必要前奏，公众咨询的形式和机制也更多样化。澳门特区政府在出台重要政策和法律法规之前，事先会征集市民的意见，达成政府与市民的沟通，实现以民为本的施政理念。在咨询形式方面，充分运用了包括发达国家最新形成的“持续咨询”（sequential consultation）等在内的多样化咨询机制，致力于最大限度地提高咨询效果。比如，在《澳门城市概念性规划纲要》的公开咨询活动中，可持续发展策略研究中心通过简报会、咨询会、巡回展览、落区座谈、报章专栏、网上论坛、走访高等院校等多种形式征集民意。可持续中心在完成第一阶段概念性规划纲要的公开咨询之后，不排除有第二轮咨询的可能性。

在政府绩效评估方面，澳门的公务人员评估仍然没有引入公众参与，公众参与在政府绩效评估中的主要表现是公众参与民意调查回馈他们对政府部门以及各司司长的施政满意度意。近几年，比较常见的民意调查有澳门新视角社团每半年一次展开的关于特区政府施政满意度的民意调查以及澳门“一国两制”研究中心的关于特区施政报告及行政长官满意度的调查。特别是新视角社团例行的每年两次的施政满意度调查中，有关于行政长官和各司司长施政满意度的评分调查，有关于市民所关心政府公共服务的需求的调查，在澳门社会有了一定的影响力，是澳门市民参与政府绩效评估一个较为例行和常规的平台。

4.3　政府绩效治理制度的全面谋划

未来澳门特区政府推行绩效治理制度的主要方向，应着眼于公共行政工作人员绩效评核制度的完善，廉政公署、审计署评估体系的优化，推进第三方评估，鼓励公众参与评估以及推行绩效问责等方面的内容。在这个过程中，要注重设计一套科学的绩效目标和指针，提升绩效信息的信度和效度，运用评估结果形成行之有效的激励机制，才能真正提升政府绩效和执行力，促成“公民导向”的政府绩效评估制度。

4.3.1　完善公务人员绩效评核制度

应该肯定，澳门公务人员工作表现评核制度有较好的管理制度配套，比如明确的奖赏制度。2007 年，澳门特区政府制定了关于“公务人员工作表现奖赏制度”的行政法规。该行政法规就工作表现评核制度的奖赏部分做出规范，凡在评核中获得“优异”评语的公务人员，可获得表扬、功绩假期或奖金的奖励。根据规定，公务人员每次取得“优异”工作表现评核，均获得表扬，除获发优异表现证明书外，还在所任职的部门公布。同时，相关人员亦可获为期 10 个工作日的功绩假期。如果经相关人员选择或因工作需要，功绩假期得以奖金取代，其金额相当于有关人员于获取“优异”评核的历年内所收取的最高月薪俸或月报酬的一半。[①] 可见，这种奖励不仅仅是一种精神激励，而且同被评估者的个人发展前途和物质利益挂钩，这就使当事人增强了贯彻执行绩效评估制度的主动性和积极性。

然而，澳门公务人员工作表现评核制度在绩效管理上依然存在着一定的问题。首先，澳门公务人员工作表现评核制度缺乏评核主体多元化机制。评核制度规定，一般由直接上级担任评核人，“尽可能是被评核人的直属上级，但也可以是对评核人的工

---

① 澳门行政暨公职局网页，http://www.safp.gov.mo/desempenho。

作有较直接及实际了解的职务主管。”[①] 可见，评核制度基本上采取的是由上级评核下级的模式。这种模式固然有利于增强上级对下级的了解和沟通，但也会带来一定的弊端。“如果只采用进行垂直考核，只会形成‘对上负责，对下不负责’，把有利于自己的信息汇报给领导，将不利于自己的信息过滤掉，产生严重的信息不对称，最后导致政府失灵。”[②] 此外，在评核制度中，自我评核是一个非强制性的项目，没有强的约束力。在主管评核[③]中，下属可以通过填写问卷对其主管的工作表现发表意见，但充其量只是一个参考的作用。因此，随着澳门公务人员工作表现制度的不断完善，可以考虑实现360度的评核方法，特别是在一线的公务人员中引入公众评估，实现“公民为本”“顾客导向”的政府。

其次，澳门公务人员工作表现评核制度缺乏评核效果可信度的保障机制。公共人力资源的绩效评估之所以是一个世界性的难题，主要原因在于评估结果的可信度问题。在某种程度上讲，评核效果保障机制的缺位，会直接影响绩效评估的结果的信度和效度，从而造成评核人和被评核人对绩效评估失去信心，造成“在一些管理者看来，绩效评估只是对已做出的评价的无谓重复，而被评估者则怀疑评估的公正性，认为这只是管理者表示偏好的一种方式”[④] 的局面。在这方面，澳门公务人员工作表现评核制度对于评核效果的可信度来说仍然缺乏切实的保障。虽然制度规定

① 澳门行政暨公职局网页，http://www.safp.gov.mo/desempenho。

② 秦晓蕾、王强：《国家公务员绩效考核指标体系实证研究》，《南京社会科学》2006年第7期，第66页。

③ 澳门公务人员工作表现的评核方式包括平常评核、对主管的评核、特别的评核和简要评核。这些不同的评核方式主要是由澳门公务人员不同任用方式决定的。其中，对主管的评核就是对厅长、处长、组长和科长等公务人员的评核，他们以定期委任方式任用。

④ 梁建东：《公共人力资源绩效评估的核心冲突》，《云南行政学院学报》2003年第2期，第94页。

了评核人的责任，例如客观、公正、公平、无私等，但缺乏相应的评核人责任追究机制。此外，制度也缺乏评估者的培训机制以及对评估进行再评估机制，而这些都是评核效果可信度保障机制的重要表现。

为此，需要形成一套科学系统的评估体系和评估指标，真正提升评核结果的真实度和可信度。就总体要求来看，评估指标体系一方面不应该过于碎片化、多元化和烦琐化。应该力求系统科学地设计评估指针，特别是要在一些关键指标和重点指标方面做文章，使得绩效评估有章可循，有理有据。另一方面，指标体系要相对稳定，从而有一个相对稳固的指标基础来促使绩效的持续性改进，一个经常变动的评价指标体系对于绩效的持续稳定提高无疑是没有帮助的，相反会使得部门工作失去重点和核心。因此需要通过科学化评估指标体系和方法的设计，尽量摆脱“政府绩效测不准”的困境，减少绩效损失，提升绩效测量的科学性和可靠性，提升绩效信息的信度和效度。

最后，需要科学利用绩效信息和绩效结果。作为一项改善政府的工具，政府绩效评估本身不是目的，只有应用好政府评估的结果，才能体现政府评估更大的价值。因此，绩效评估结果的合理应用，是政府绩效评估乃至政府绩效治理制度的关键。在绩效评估结果运用上，内地有些地方政府出现“束之高阁”和“急功近利”两种误区，“一是评估结果束之高阁，与干部任用、奖惩和资源分配相互脱节；二是绩效评估结果利用上急功近利，简单化采取‘一票否决’、‘末位淘汰’等貌似激进，实则很不科学的做法”。[①] 澳门特区政府需要认真吸引这些经验教训，既不能采取

① 周志忍：《我国政府绩效评估需要思考的几个问题》，《行政管理改革》2011 年第 4 期，第 41 页。

“束之高阁”式的形式化立场，又不能采取“末位淘汰”式的激进态度，而是应该根据实际情况把评估结果和相应的奖惩机制联系起来，确定合理的奖惩幅度，拉开不同绩效的部门或人员的奖励水平，真正体现政府绩效治理制度对人员管理的有效激励作用。

4.3.2 优化廉政公署、审计署的评估体系

廉政公署、审计署的报告和劝谕对澳门特区政府的部门行政发挥了重要的效能监督作用。在廉政公署报告后，有些部门认真地进行了对原有行政体系的重构和反思，强化了依法行政，也更加重视财政资源的合理应用和部门行政效能的提升。然而，就目前而言，廉政公署、审计署的评估体系有待进一步加强和完善。例如，廉政公署的评估功能没有专门化和独立化，其对行政部门提出施政建议的角色也令有些社会公众质疑廉政公署职能越位的问题。

为了优化廉政公署的功能，首先应该把提高行政效能作为廉政公署的一个明确目标，强化廉政公署在效能建设中的地位。在这个过程中，可以学习和参照中国内地监察部门展开政府绩效评估的做法，例如可考虑建立行政投诉中心或行政效能投诉中心，还可考虑加强电子监察系统建设，及时受理公众投诉，对行政不作为、乱作为、慢作为等行为以及作风漂浮、推诿扯皮、效率低下等问题，加强监督检查，及时予以纠正整改，提升公共服务的质量和效率。

其次，研究制定绩效考评指标体系的基本框架，推动部门绩效管理的全面展开。从评估内容上，可以考虑开展对重大公共政策、政府投资项目、财政资金和专项工作的绩效评估。从评估对象方面，可以考虑从目前只是针对有问题的部门扩大到所有政府

部门，探索实现绩效管理常态化、制度化、普及化的有效途径。

最后，需要规范评估结果的应用，注重绩效评估结果与行政问责制相结合，使绩效评估结果成为行政问责的一个基本前提。2012 年下半年，澳门在巴士、电信、电力等领域相继出现了公共服务的质量下滑，引发社会不满。为此，行政长官公开表示，政府正评估行政架构，准备就主要官员、领导主管官员进行绩效评估，每年检视其政策、预算执行情况等，并与行政问责问题结合起来。可见，政府对主管领导官员的绩效评估工作已经有所筹备，并有意识把评估结果和行政问责结合起来。在这种形势下，关于部门绩效的评估，也需要引入评估结果和行政问责结合起来的做法，进一步督促部门提升行政绩效，提升公民对公共服务的满意度。

4.3.3　推进第三方评估

在 2014 年的施政报告中，特区政府进一步提出了政府绩效治理制度的具体设想。“特区政府已开始实行领导官员绩效评审制度，明年将进一步深化实施、完善机制，并研究引入中立评审机构的可行性。政府高度重视‘官员问责’，并将其与公共行政绩效管理，特别是已经实施的领导官员绩效评审制度结合起来，通过绩效管理、领导官员评审和官员问责三个不同层面的评价制度，实现政府接受监督、自我监督和自我完善。在适当时候，政府将考虑设立绩效管理的专门委员会，以统筹和领导有关工作。”可见，引入中立评审机构，是未来澳门特区政府绩效管理制度的一个发展方向。中立评审机构的引入，其实就是第三方评估机构的引入。

事实上，政府绩效评估需要多元化的评估主体，既要重视来自上级的内部评价，也要重视来自社会的外部评价。因此，中立评审机构评估政府绩效在澳门的引入对澳门的政府绩效管理制度有着重要的意义。政府绩效评价活动按组织者可以分为内部评价和外部评价两种形式，两者需要有机结合起来。内部评价是指政府或政府部门负责组织开展的对其绩效进行评价的活动，外部评价是指政府以外的机构组织的政府绩效评价活动。内部评价和外部评价有各自的优势和缺陷，需要互相结合，优势互补。中立评审机构评估属于外部评价的范畴，“由过程导向转为结果导向，有力地推动政府部门强化行政能力和效能建设，把目光从上级转向公众。把重程序和形式的工作方法转向重效率、效果和效益。从操作层面上体现了公民意识，为公民参政议政找到了切入点。同时，外部评价更侧重社会监督和导向，有利于社会的公共治理”。[①] 因此，澳门引入第三方评价政府绩效有着重要的价值和意义，可以帮助政府部门解决“既当运动员，又当裁判员”的内在矛盾，促使政府广泛吸纳社会各界意见，真正成为重视民意和吸取民意的政府。由于第三方评价有独立外部评价和委托外部评价两种形式，澳门需要根据自身的实际情况来选择和厘定第三方评估的具体形式。

从西方国家实行政府绩效管理的经验看，第三方主要是在指由与评价对象无隶属关系或利益关系的第三方组织，主要是社会中介组织或民间组织实施的评价活动。“第三方（The Third Party）是指，处于第一方（被评对象）和第二方顾客（服务对象）之外的一方。由于第三方与第一方、第二方都既不具有任何行政隶属关系，也不具有任何利益关系，所以一般也会被称为独立第三方。在西方国家，多数情况下是由非政府组织，即一些专业的

① 兰州大学中国地方政府绩效评价中心课题组：《兰州试验：第三方政府绩效评价新探索》，《上海城市管理职业技术学院学报》2005 年第 3 期，第 23 页。

评估机构或研究机构充当第三方。这些非政府组织可以保证作为第三方的独立性、专业性、权威性的要求。”①

第三方评估政府绩效在澳门的引入对澳门的政府绩效管理制度有着重要的意义。政府绩效评价活动按组织者可以分为内部评价和外部评价两种形式，两者需要有机结合起来。内部评价是指政府或政府部门负责组织开展的对其绩效进行评价的活动，外部评价是指政府以外的机构组织的政府绩效评价活动。内部评价和外部评价有各自的优势和缺陷，需要互相结合，优势互补。第三方评估属于外部评价的范畴，在政府绩效管理的实践中，第三方评价是社会外部对政府绩效的评价，可以有力地弥补体制内评价的局限和不足。

首先，澳门在引入中立评审机构的过程中，应该把重点放在理顺政府与第三方关系的问题上，确保第三方评估机构的公信力、持续性和制度性。“就绩效管理来说，评估只是其中的一个重要环节，评估本身不是目的，通过评估反映问题、改进工作才是最终的目的。或者说，绩效评估的有效性就是通过这样一轮一轮的评估、改进实现的。正因为这样的原因，如果评估只是偶尔为之，或者是一次性的，评估的真正作用就很难发挥了。我们看到，不少国外政府的绩效评估工作都是制度化的，而这个制度又是由政府的法律法规保障的。”②

其次，为了确保第三方评估的独立性和客观公正性，需要特别重视第三方评估机构的自律机制建设。“第三方政府绩效评价组织的突出特点在于其自身的中立性和公正客观性。因此，组织

① 徐双敏：《政府绩效管理中的“第三方评估”模式及其完善》，《中国行政管理》2011 年第 1 期，第 28 页。

② 徐双敏、翟玥：《国外地方政府委托评估模式比较研究》，《学习与实践》2012 年第 8 期，第 79 页。

的自律要围绕这一根本点，否则整个自律体系都形同虚设，可能会出现第三方政府绩效评价组织内部治理失灵的情况。”①

最后，如果缺乏政府相关信息公开透明这一基础，第三方的评估就成为无源之水、无本之木，难以为继。因此，提升施政透明度是开展政府绩效管理、引入第三方评估政府绩效的关键所在。澳门特区政府在引入中立评审机构进行政府绩效评估的过程中，就需要相应地增加政府施政的透明度，进一步夯实和强化阳光政府的建设。

4.3.4 鼓励公众参与评估政府绩效

从评估主体的角度看，政府评估应该与公众评估有机结合起来。从不少国家和地区推行政府绩效治理制度的实践看，出现“政府独立封闭测评”和“公众激进测评”两个极端。如果只有政府评估而没有公众评估，就会导致政府单方面决定评估结果，偏离绩效治理“公民导向”的精神；如果只以公众满意度作为政府绩效评估的唯一标准，则可能因为公众理性能力、判断能力的有限性而使对政府绩效的评估有失偏颇。因此，孤立地使用政府评估或公众评估的做法都是不恰当的。

当前西方发达国家的发展经验表明，制度化建设是公众参与政府绩效得以发展的有效途径。这里要强调的是，制度建设与机构设置是两个不同的概念和范畴，制度建设绝不是简单地设立几个组织机构就可以完成的，制度建设远比机构设置复杂和困难。组织建设只是制度建设的第一步，除了组织建设之外，更重要的

---

① 包国宪、张志栋：《我国第三方政府绩效评价组织的自律实现问题探析》，《中国行政管理》2008 年第 1 期，第 50 页。

是订定激励机制、约束机制和规范机制，明确制度鼓励什么、限制什么、禁止什么等。

首先，推进阳光政府的建设，促进政务公开，提升政府施政的透明度。透明政府的核心要义在于公开信息。暗箱操作的行政方式会形成政府与公众之间的信息不对称，造成公众对政府行为的正当性与公正性产生猜疑。高透明度的公共行政，是人类公共行政的一个基本目标，它既可以保障政府的廉洁，防范贪腐，又有助于实现公众的知情权，同时也是推动公众参与和公众监督的基础和条件。如果政府信息不公开，政府活动不透明，公众参与失去了存在的空间，公民参与就无法得到有效的发展，久而久之公民参与就会成为“形式化的参与”，导致公众参与的热情和积极性减退。这正如有学者指出的，“恩赐式参与、选择性参与、有名无实的形式主义参与，把公民视为可以招来挥去、拾遗补阙的资源，其参与热情和积极性必然衰退”。①

从澳门特区政府的施政实践看，打造“阳光政府”也已经进入了实际的施政议程。特区政府已经设立政府发言人办公室，建立政府新闻发言人机制，致力于提升政府的响应性；启动了被称为“阳光法”的《财产申报法律制度》的修订工作，引入官员财产资料适当公开的机制。然而，从整体上看，特区政府打造“阳光政府”的施政蓝图依然任重道远，需要设计系统化的“阳光政府”的实现机制和配套机制，从而对推动公民参与形成相互支持、相互强化的作用。

其次，鼓励和强化公众参与。公众参与有内在的缺点，比如公众参与的成本较高、具有不确定性和拖延性，公众参与可能带

---

① 周志忍：《后奥运公共管理的三个发展趋势》，《新视野》2009 年第 1 期，第 44 页。

有自身比较狭隘的利益倾向。[①] 因此，公众参与在政策过程中不应该无限度地扩大，公众参与更多的是注重参与的质量而不是规模。“对于特定的公共事务管理与政策议题而言，选择有理有节的参与行动才能因事和政策问题的性质而谋取双赢的结果。建立在对公民有序参与的共识，最为重要的途径就是增强参与主体间在公民参与的接触与交往。”[②]

提高公众参与的规模和质量，是澳门公众参与需要致力实现的目标。在这一点上，可以根据政策领域和政策问题的不同来调适公众参与的程度，在利益相关者较多的、较为容易理解的问题和领域应该鼓励更多的公众参与；在专业性较强、利益相关者较少的问题和领域，公众参与的程度则相对可以减少。但不管比重如何，在一项政策出台之前，都需要有社团参与、专家参与和公众参与的成分，保障政策出台有组织化的参与、专业性的参与和公众性的参与。由此建立起来的社会参与体系，既有社团参与、专家参与的形式，又有公众参与的形式，从而形成社会参与政策过程的多元化表现形式，更好地发挥公众参与的优点，避免公众参与的不足。

4.3.5　推行绩效问责

绩效和问责的结合是绩效评估中结果应用的问题。政府绩效治

---

① 就此，有学者总结分析了公民参与的弊端。比如，很难确定公民大众的真正意愿（认为一般公民没有空余时间去关注或去认识政策问题；那些有时间和兴趣的，未必有足够的专业知识去理解；很多没有参与组织的公民都是较为沉默、被动，对社会上的政策很少有自己的独立见解；故此，非常困难去确立公民意愿）；市民意见被认为是短视的（一般公民的意见常被指为只求眼前利益，急功近利，不能容忍迟延，而且多属狭隘的利益，而忽视社会全局性的发展；有些更属不负责任的言论，只是信口开河而已）；公民参与效率低、耗时和昂贵；公民参与会导致社会不满及不安。参见莫泰基《公民参与：社会政策的基石》，中华书局，1995，第28～31页。

② 孙柏瑛：《我国公民有序参与：语境、分歧与共识》，《中国人民大学学报》2009年第1期，第68、69页。

理制度的关键环节就是绩效评估制度，绩效评估制度中“评估结果如何应用”是特别引人关注的。如果评核后的结果不加以应用或者应用不多，那么绩效评估就会走向形式化。而事实上，回归以来，官员问责制是澳门特区政府施政的一个施政重点。正如崔世安行政长官在第四届特区政府的就职演说所指出的那样，“在总结反思中将贯彻‘以人为本、科学决策’的施政理念，把精兵简政、深化行政改革落到实处，决不放松健全官员问责机制，推进法制和廉政建设”。[①] 因此，绩效治理制度的推进必定要和官员问责有很好的结合。在这方面，崔世安行政长官在 2014 年的参选政纲中就特别提到了政府要建立“绩效导向”和“权责相当”的行政文化。

有民众质疑澳门的高级官员“有权无责”，澳门的官员问责制一直得不到有效的落实。问责事项即“对什么负责”没有制度的明确规定，是澳门官员问责制难以落实的主要原因之一。而一旦实施政府绩效治理制度，官员问责制就有了“绩效问责”这一相对较为切实的问责事项。正如澳门前公职局长朱伟干所公开表示的那样，“现已形成行政部门及其领导的绩效评审机制，每季一小评，每年一大评，并公布绩效评审报告，可作为问责的基础”。[②] 因此，在绩效治理制度的推行中，尤其需要关注与绩效有关的问责事项，实现“绩效问责”，实现绩效与问责紧密结合的绩效问责。

“绩效问责是行政问责的一种形式，它通过对政府绩效水平的考察，对未达到绩效目标的政府组织及其公务人员追究相应的责任，是行政问责制的深化和发展”。[③] 绩效问责的基本理念在于

---

① 《特首：推进一国两制深化行政改革》，《市民日报》2014 年 12 月 21 日，第 P04 版。

② 《官员绩效报告年底出台朱伟干强调问责为推动官员勤执政》，《澳门日报》2014 年 11 月 5 日，第 B07 版。

③ 徐元善、楚德江：《绩效问责：行政问责制的新发展》，《中国行政管理》2007 年第 11 期，第 29 页。

“基于绩效的问责”，强调结果为本，更注重政府行为的服务质量和公众满意度。绩效问责所彰显的是，成绩不好、能力不足的官员要承担一定的责任，不作为本身也是一种错误，庸官和贪官一样也要下台。

值得注意的是，绩效问责与当前澳门“不做不错”“不作为”的现实文化有着内在的紧张关系。因此，为了推行绩效问责，还亟待在澳门的公共行政中建立起绩效文化，变革当前的“过程控制文化”，引入“结果导向文化”。长期以来，澳门传统公共行政是比较典型的官僚制模式的公共行政，信奉控制导向和过程导向，崇尚按章办事，公务员系统中除了公开考试有竞争机制外，在很多方面公共部门的竞争性不强，加上公职福利的优厚等原因，滋生澳门公共行政“不做不错、少做少错”的卸责现象。事实上，公务人员消极保守的文化，就是一个行政改革难以进行的主要障碍。“在阻碍澳门公共行政改革向前发展的因素中，消极保守的公务员文化是核心阻力。有调查研究表明，有79.3%的被访者认为改革的阻力来自公务员本身的固有意识形态。”① 在消极保守文化的导向下，公务人员只要做好分内的事情，做好法律规定下的事情，不违法就万事大吉，因此，不会有很多人想着去创新、去主动积极承担的事情。基于“干多干少一个样”的逻辑，很多人不会越雷池半步，只会严格在自身的岗位范围内办事。

由此，政府治理绩效制度如果要取得真正成功，必须建立“勇承担，敢负责”的行政文化，并促进政府管理模式从“控制导向”“程序导向”向“结果导向”“绩效导向”转型，重塑公共组织的文化。

---

① 娄胜华：《实践导向与问题切入：澳门公共行政研究检视》，载娄胜华《澳门人文社会科学研究文选·行政卷》，社会科学文献出版社，2009，第86页。

第5章　澳门社团治理体制

澳门社团与政府有着非常亲密的伙伴关系。澳门社团的独特之处在于，其既充当政治选举的功能，又承担协助政府提供社会服务的功能。澳门特区政府在2008年的施政报告中有一段话，很好地阐释了澳门特区政府与社团的密切关系，即“凡是该由政府做的，政府将全力以赴；凡是民间做得更好的，主动交由民间承担；凡有需要政府民间协力的，各方则合作联动。政府将进一步加强对社团的支持和协助，同时，亦期望和鼓励社团与时并进、提升质素、优化服务。总之，政府将与社团、市民结成紧密伙伴，合力推进公民社会的建设”。因此，除了政府管理，澳门社团治理是理解澳门特区公共治理不可或缺的组成部分。

5.1　传统澳门社团在社会治理中的角色

社团是澳门独特历史演进逐渐孕育出的特有现象，是具有鲜明特色的澳门地域文化的集中表现，澳门社团可谓是澳门社会最为独特的社会现象。[①] 澳门社团的特色在于，澳门民间社团数目庞大，社团在政治选举和社会服务中发挥着重要角色和作用，社团在澳门社会矛盾化解、利益协调以及民意吸纳中起着十分重要

① 庄金锋：《从澳门社团的独特性看“一国两制”的澳门模式》，《一国两制研究》2010年第6期，第117页。

的作用。澳门社团数目庞大、范畴广泛。截至 2019 年 12 月，澳门社团总数有 9000 多个，不少社团历史悠久、覆盖面广，在澳门社会颇具影响力，在社会的发展与稳定中发挥了举足轻重的作用。

从澳葡时代一路走来，澳门社团承担的社会服务和政治选举的双重角色决定了社团在澳门社会中发挥着极为重要的管治功能。“殖民统治时期，澳门的政治生态表现为中央集权下的总督主导制以及民间社会的政治参与低度化。这种特定的社会政治历史背景，导致当地社团作为政府和社会的中介性纽带全方位介入和渗透政治、经济及文化诸领域，成为澳门政治运作中极其重要且不可或缺的一部分，并进一步促成了本澳独一无二的‘社团治理社会’的管治模式，澳门的社团体制也因此成为探究民众在无政党地区参与政治生活模式的一个理想案例。”①

从历史发展上看，澳门很多社会问题是通过社团力量加以解决的。在澳葡时代，澳门社团承担了诸如教育、扶贫等重要公共物品提供的主要责任，在澳门的公共政策中有着特别强大的影响力，从而也形成政府之外的二元化治理结构的重要治理力量。由于澳门社团在社会治理中的强大作用，加上澳门社团深厚持久的爱国爱澳传统，使得澳门回归后，社团在澳门特别行政区的治理体系中仍发挥着举足轻重的作用。对此，有相关研究对澳门社团的作用进行了归纳和总结：“爱国爱澳的力量；社会和谐的力量；社会多元服务的承担者；多元价值观的尊重；人才的培养等各个方面。”② 社团在经济、政治、文化等各个领域的全方位渗透和深度参与，成为澳门社会的一个标志性特征。

---

① 吴志良：《从制度上理清、规范政府、市场和社会之间的关系》，《澳门月刊》2010 年第 6 期，第 4 页。

② 澳门发展策略研究中心：《澳门社团现状与前瞻》，2000，第 5 页。

民意吸纳的功能又经常寄望于具有垄断地位的“爱国爱澳”的社团身上，很多社会矛盾往往是通过所谓的“功能性社团”加以协商解决的。这正如娄胜华所指出的那样，“合作主义治理体制所依赖的组织基础是功能性社团，而不是一般性社团。澳门民间社团不同于其他地区社团的一个重要特征正是它的功能化和层级化分布。社团的功能化分布是指基于社会分工的社团活动领域与社团功能发挥的集中化和专业化，而社团的层级化分布则是指不同功能领域内的社团地位存在差异，基层社团和核心社团并存，而核心社团逐渐发展成为代表性功能社团”。[①] 换言之，社团内部并不是实力、规模、地位平等的，而是有差序格局和等级之分，有核心社团和基层社团之分。

由此，由“垄断性社团”协调“一般性社团”再到协调一般澳门市民，成为传统澳门社会化解矛盾和消除矛盾的治理机制和基本结构，澳门社团因此也成为澳门政府重要的帮手，为市民向政府表达民意要求，为政府向市民传达政府政策。在澳门的社团体系中，可以明显地发现诸如“工会总会”“街坊总会”“中华总商会”等垄断性社团和一般性社团的分化，垄断性社团一方面承接政府的许多公共服务工作，另一方面又通过各种方式和途径向各个一般性社团传达政府的指示，从而在澳门特区政府和社会之间构架起一道沟通和协调的桥梁。在澳门，社会纠纷通常可以利用社团的力量加以协调解决。就此，有学者指出“在过去的几十年间，社团社会成为澳门的一大特色，从解决交通状况、关注社会治安，甚至连选举立法会议员及行政长官等，社团均成为市民的代理人”。[②] 从本质上看，传统社团在政府和公众之间充当的

① 娄胜华:《合作主义与澳门公民社会的发展》,《学术研究》2009年第12期，第54页。

② 梁炳权:《澳门公民社会的缺失》,《澳门日报》2008年7月7日，第E07版。

中介角色可以看成一种“庇护主义”的模式，民意通过社团向政府表达的更多是私人利益的要求，公益要求未能成为民意表达的主流意见。传统澳门社团在民意吸纳中的角色和作用可以用图 2 来进一步表示。

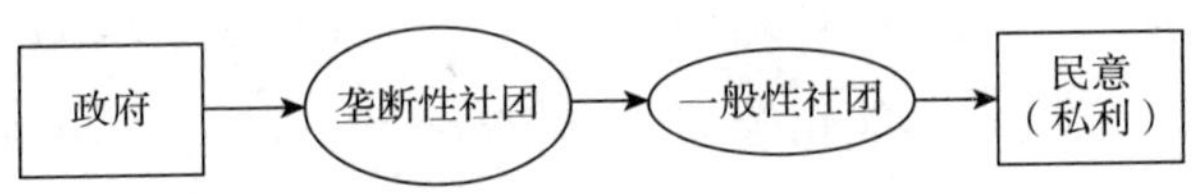

图 2　传统澳门社团在民意吸纳中的角色

由图 2 可见，传统澳门社团民意吸纳呈现出从民意从一般性社团到垄断性社团再到政府的线路，表现出三个主要的特点。首先，在传统的民意吸纳机制中，公众主要是向政府传达比如私人福利、集团利益等私人利益和私人要求，比较少关注诸如环境空气质量、城市发展等公益类的要求。其次，社团阵营中出现了垄断性社团和一般性社团的分化，垄断性社团和一般性社团更多的是垂直的服从关系而不是水平的关系。当然，垄断性社团并不只有一个，而是存在以中华总商会、工人联合会和街坊总会为代表的垄断性社团。最后，整个传统民意吸纳体系呈现出来的是一种以社团为中介的间接吸纳模式，民意很少绕过社团直接向政府提出要求和意见。

5.2　澳门社团社会治理角色的新挑战

回归以来，澳门社团数量不断增加，新生社团的影响力不断扩大，对垄断性社团的地位形成有力的挑战。民意的输入量越来越多元和复杂。近几年来，从政府到垄断性社团到一般性社团再到居民的传统协调机制和社会治理机制已经在不断消解。在这种情况下，澳门社团治理的“垄断性格局”已经发生松动，开始向

“竞争型格局”转变。这种变化从2005年和2009年澳门立法会选举的选情变化中是不难观察到的，新生社团不断在分化传统社团的票源。

澳门社团“垄断性格局”向“竞争性格局”“多元性格局”的转变，在根本上是由社会利益不断分化所引发出来的利益要求多元化所决定的。回归以来，随着社团成员身份变化及与社团庇护关系解体，社团之间逐渐形成竞争性关系，政府职能扩展及社团拟政府化功能的弱化、社团紧密型合作关系走向伙伴型合作关系、社会组织的社会运动日益激烈，诸如以合作为主导的社团和政府关系、以社团为中心展开社会整合的合作主义基质已经开始蜕变，社团和政府的关系不再是简单的亲密型关系，社团社会整合的工作也逐步向政府转移。建立在以上观察的基础上，有学者提出，“以合作主义为基质的澳门公民社会正处于深刻的变革与转型之中”。①

事实上，回归后澳门经济社会高速发展，利益格局从较为单一的同质化社会向复杂的异质化社会转变，作为利益代表的社团因而也从“较为单一化”和“寡头垄断化”走向“竞争化”的格局，有些居民甚至绕过社团直接向政府表达相关的要求和不满。这就意味着，政府通过垄断性社团到一般性社团再到一般居民的利益协调线路宣告失灵。近年“五一”游行利益要求和游行议题多元化的特点表明，各种私人利益要求（个人福利要求、住房要求、家人团聚要求）和公共利益要求（公共交通、环境保护、反对贪腐）相互交叉，充满了各种公共利益、集团利益和私人利益之间的相互博弈，民意要求日益多元和复杂。当前社团在

① 娄胜华：《合作主义与澳门公民社会的发展》，《学术研究》2009年第12期，第58页。

民意吸纳中的角色和作用可以用图3来进一步表述。

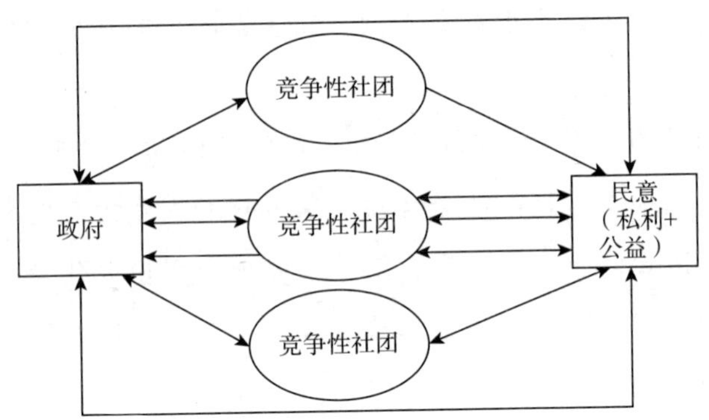

图3　当前社团在民意吸纳中的角色

新的民意吸纳体制有以下的特点。首先，民意不再是简单的私利要求，而是私人利益、公共利益及团体利益的混合体。其次，有些民意表达绕过社团直接向政府表达。最后，社团内部的结构出现了变化，随着小社团的日益成长和发展，社团格局从垄断型转向竞争型。这种结构变化使得竞争型社团对民意的吸纳代替了原来的垄断性社团到一般性社团吸纳民意的格局。由此，现有的民意吸纳体系变得更加复杂，民意由私利转向私利与公益的混合，管道由单一的间接吸纳转向直接吸纳和间接吸纳相结合，社团的线路由垄断性到一般性社团的线路转向多元竞争型社团线路。这种模式的转变对政府理性吸纳民意既是机遇也是挑战。竞争性社团的竞争虽然有利于社团更为专业地吸纳民意，但同时民意的多元和分散对政府有效整合理性的民意提出了更高的要求。

可见，在民意要求日益分散、多元、“公私交杂”的情况下，依靠“垄断性社团”到“一般性社团”的民意吸纳格局以及“庇护主义”的社团居民关系模式的民意吸纳机制已经失灵。在当前特区政府的施政中，各种竞争性社团向政府吸纳各种私利和公益的民意要求，同时公众也可以通过走上街头等方式直接向政府表达意见和要求。在这种情况下，特区政府需要寻求新的民意吸纳机制，以实现长久的社会稳定和社会和谐。

5.3　寻找澳门社团社会治理的新定位

从社会善治的视野看，政府与公民应该通过积极而理性的沟通和对话，相互理解、相互信任，最终形成共识。而共识的形成一方面要政府和公民达成共识，另一方面也要社团之间以及市民形成普遍的社会共识，只有在两个基本前提下，才能有效消除公共利益之间的分歧，谋求公共利益之间的整合。对澳门来讲，只有不断强化社团之间的沟通对话，尽力消除社团间的意见分歧，才能更好地改变澳门公共治理中政府承担过多的局面，充分发挥社会各界的能量，提高公民的社会责任心，达到社会善治。

（一）提升政府自主性

第三届澳门特区政府施政以来，坚持“阳光政府”和“科学决策”的方针，重视听取社会大众的声音，也有畅通的管道供市民自由反映意见。然而，从利益整合的要求来看，通畅的利益表达管道只是利益整合机制的一个起始步骤，利益整合机制的重点在于政府在听取社会大众声音的同时，坚持“政府自主性”。一方面政府需要广泛响应社会各界的要求，以积极构建“回应型政府”。另一方面，在建立“回应型政府”和增强社会响应性的同时，政府不应该也不可能一味地听取各项社会要求来施政，而是需要充分发挥政府掌握各种资源优势和作为社会公共利益权威分配者超然地位而享有的自主性，通过各方利益的权衡，使决策过程正当地吸纳各种社会需求，降低社会冲突，化解社会矛盾。

正如有学者所指出的，“在一个利益高度分化的社会中，国家自主性的提升本身不是目的，其目的在于通过这种自主性实现符合公共利益的政策目标，由此实现转型社会的利益整合，维系转型社会的和谐秩序；而在多元化和制度化的利益表达基础上，有效实现社会利益的整合和发展才能真正体现出国家和政府的自主性”。[①] 也就是说，利益分化并不可怕，关键是如何将分化的利益冲突加以平衡和整合。在传统的利益协调机制受到冲击的情况下，特区政府应该着力形成一套新的利益集结和传输结构，形成制度化的利益集合秩序，使社会不同阶层和界别的利益得到有序的集中、传输、协调和组织，减少冲突或控制冲突。

“政府自主性”的界定可以参照国家自主性的定义。根据回归国家学派对国家自主性的阐释：“国家可能会确立并追求一些并非仅仅是反映社会集团、阶级或社团之需求或利益的目标，这就是通常所说的国家自主性。只有国家确实能够提出这种独立目标时，才有必要将国家看作是一个重要的行为主体。”[②] 据此，简单地讲，政府自主性指的是政府有超越和超脱于各个社会利益集团独立行动的能力。当政府有能力超脱各种利益集团而提出自身的独立目标时，就显示出了政府自主性。

一般而言，政府超越于各种社会利益集团的自主性主要体现在两个方面，一是政府利益对社会集团利益的超脱性，可称之为“政府利益导向的政府自主性”；二是公共利益对社会集团利益的超脱性，可称之为“公共利益导向的政府自主性”。“政府利益导向”的政府自主性是需要防范和避免的，而“公共利益导向的政府自主性”是需要提倡和强化的。因此，“提升政府自主性”是

---

① 时影：《转型时期利益整合的困境与出路：基于国家自主性的视角》，《学习与实践》2010 年第 8 期，第 91 页。

② 〔美〕埃文斯、鲁施迈耶、斯考克波编著《找回国家》，方力维等译，生活·读书·新知三联书店，2009，第 10 页。转引自时影《转型时期利益整合的困境与出路》，《学习与实践》2010 年第 8 期，第 86 页。

有特定含义的，指的是提升政府作为公共利益代言人和捍卫者的自主性，确保政府的政策不会偏袒某个社会集团的利益，而是均衡和整合各个利益集团利益进而谋求公共利益。

除了公共利益的利益导向外，“提升政府自主性”的另外一层含义在于，政府有充分和足够的理性分析的能力去引导和协调各个社会利益集团，为实现公共利益确立一个充分的能力基础，成为一个引导社会发展的、有卓越预见能力的“有预见性的政府”。在“有预见性政府”“有远见性政府”的社会中，公众相信政府的施政安排是高瞻远瞩的，政府的公共政策是有利于社会的长期发展利益和公众的整体公共利益的。在这种情况下，公众就容易配合政府施政，接受政府的政策安排，从而确保社会和谐稳定。政府的公共政策是不可能对所有人都有利的，也不可能令所有的人都平均受益。这种情况下，受益的人和受损的人、受益大的人和受益少的人就容易发生利益摩擦，也容易给政策的执行带来阻碍。而一个受公众认同的政府，则是无坚不摧的、强势的政府，政府的公共行动和政策往往因为公众的拥护而能取得成功。澳门特区政府一些公共政策的出台和执行遭到部分公众的某些不满，并不在于公共政策本身有问题，而是部分公众心目中不太信任政府的政策，或者认为政府没有足够的能力去完成既定的政策目标。

为了发挥政府良性的自主性，需要着力提升政府能力，增强政府的政策制定、执行能力，提升政府平衡各种利益集团的能力。在这个过程中，因为利益团体很难通过自身的协商实现利益均衡，因此政府在响应各方利益要求的同时，需要为利益要求的表达进行制度引导，规范利益要求的行为，保证社会秩序的统一与和谐。换言之，在社团数量激增和社会利益发散式发展的新挑战下，特区政府必须有一套科学的利益整合机制，引导政府有限的公共资源得到合理、公正和有效的分配，分辨出公众的真实要求和主流的声音，排定公众要求的轻重缓急，充分体现政府施政的判断力、预见力和自主性。

总之，政府作为公共政策的制定和执行者，在制定和执行公共政策时要尽可能不受社会强势利益集团的影响。保持政府的自主性，首先，要防止政府自身成为特殊利益集团或者政策制定上明显倾向于强势利益集团的倾向，防止政府成为“商人政府”，避免政府成为少数私利集团或少数不当民意的代言人，否则，政府就会丧失在公众心目中作为社会公平正义代表的神圣地位。其次，要防止利益集团结盟，尤其是社会利益集团与政府内部特殊利益集团的结盟。利益集团之间在利益驱动下，进行某种形式的结盟，将对政府的自主性构成严重挑战。非法利益集团与政府机关内部某些腐败群体结盟，则会使政府完全丧失自主性和公共性。最后，要提高政府的利益整合能力，建立起一个稳定的、良好控制的、具有广泛联合能力的体制，让社会从不同利益群体的利益冲突中解脱出来。这个过程中，需要强调的是，政府要有包容性，吸收各种意见的合理之处并加以协调和整合。

（二）培育公民意识，增强理性对话

公民一方面可以帮助监督政府，一方面也可以帮助优化社会公共服务的供给，从而更好地提升政府治理的能力。澳门市民参与社会公共事务的意识和热情较低，这一点与澳门内嵌的中国传统文化有着直接的关系。在某种程度上，澳门中西文化交融的文化特色中，中国儒家文化是更为深层的底色，因而澳门文化事实上更多的是中国传统文化的映射。正如林语堂先生在《吾国与吾民》一书中指出的，“中国是一个个人主义的民族，他们心系各自的家庭，而不知有社会”。[①] 在参与社会事务方面，澳门人给外

① 林语堂：《吾国与吾民》，凤凰出版传媒集团、江苏文艺出版社，2010，第38页。

界的印象是“参与冷漠”“如一盘散沙”。换言之，澳门人更多的只是关心自己的家庭，在国家事务和社会事务面前，澳门人显得较为传统和保守。

近年来，澳门市民的公民意识有所提高，社团参与逐步走向竞争、平等的参与，政府不断强调听取民意的重要性，这些都显示出澳门社会正在走上一条提倡通过协商对话达成共识民主的道路。2011 年的“小潭山事件”，再一次突出了澳门市民积极参与社会事务的重要特征，彰显出澳门市民已经对政府政策制定起了实质性的影响作用。所谓的“小潭山事件”，是指澳门多数市民反对小潭山发展高层豪宅项目的事件。反对小潭山发展项目的市民表示，小潭山发展项目不可避免地将导致破坏澳门山体及环境。澳门市民反对小潭山发展项目的动机简单而朴素，市民反对在小潭山兴建高楼的目的无非就是想保护自然，让市民有更多休闲地区以及景观欣赏。也有市民认为，小潭山发展项目的本质是一项以牺牲澳门山体及环境的代价去满足小财团利益的政策。概言之，澳门市民反对小潭山发展项目的基本理由是，一是保护澳门自然环境和山体景观，二是不能为了满足一小部分人的利益而损害多数澳门人的利益。

小潭山事件体现了澳门人积极参与社会公共事务的意愿。澳门街坊总会和工人联合总会、新澳门学社、澳门公民力量、澳门群力智库等多个社团，纷纷促请政府叫停发展项目并收回土地，发展其他更有用途的项目。据新澳门学社收集到的超过 2200 名市民投票中，有九成九的市民反对小潭山的发展项目。[①] 同时，澳门互联网上关于小潭山发展项目的讨论中，也呈现压倒一片的反对声，澳门市民通过网络媒体对小潭山发展项目口诛笔伐，网络

① 《学社将叫停小潭山项目意见交政府》，《市民日报》2011 年 6 月 11 日，第 07 版。

媒体表达民意要求的威力再一次显现。图 4 将小潭山事件中民意吸纳的情况作一个简要化的分析。

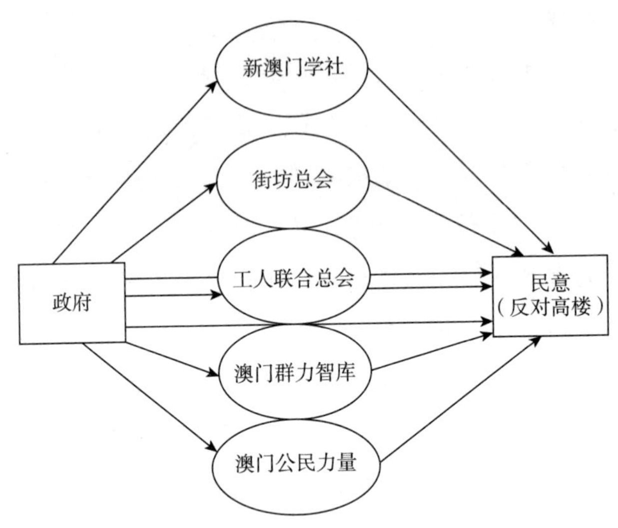

图 4　小潭山事件中民意吸纳的情况

在小潭山事件中，至少有街坊总会、工人联合总会、澳门群力智库、新澳门学社以及澳门公民力量等五个社团向政府表达了诉求。例如，澳门公民力量认为，土地法和城市规划法还处于“真空期”，因此政府应暂缓审批类似小潭山的伤害环境的项目①；新澳门学社认为，小潭山事件中，所有的市民都是利害关系人，政府需要在知会开发商后将相关的数据公开②；澳门群力智库坚决反对小潭山建高楼，认为如果建高楼后生态资源将受严重破坏，特区政府更改土地用途不合理，应该完善法律法规，提升透明度，构建城市规划公众参与体系。③

种种反对小潭山项目的要求，对特区政府的政策产生了实际

① 《一意孤行，得不偿失暂缓小潭山项目》，《正报》2011 年 5 月 30 日，P01 版。
② 《吴国昌呼应作政治决定，资料全公开》，《正报》2011 年 5 月 18 日，P01 版。
③ 《群力智库五建议，反对高楼》，《澳门日报》2011 年 6 月 18 日，B08 版。

的影响力。特区政府致力打造“科学决策、阳光政府”，自然也显示出对市民声音的高度重视。面对社会的反对声音，崔世安公开表示会综合分析小潭山发展项目的意见，并会以具透明度的方式让广大市民更清晰了解市民关心有关项目的环评报告。

市民积极参与社会公共事务，本质上体现了澳门社会的发展进步，体现了公民积极参与、政治平等、市民相互团结、信任和容忍以及合作的社会结构等澳门社会的重要特征。小潭山事件中所反映出市民积极参与社会公共事务的信息无疑表明了澳门社会的不断发展和成长。

小潭山事件中，澳门市民参与的难能可贵之处在于，市民不是站在自身的利益角度来参与社会公共事务，而是站在捍卫公共利益的角度来参与社会管理。而只有脱离了个人狭隘利益的公民积极参与到社会公共事务的管理中去，形成公民之间以及政府与社会之间自由而平等的讨论，公共治理才能真正达成社会善治，才有可能广泛地谋求社会共识而不是停留在你争我夺的利益纠纷中。

从目前看，澳门市民的“沟通”本性仍有较大的完善空间。需要承认，澳门的市民之间、社团之间缺乏足够的关于公共政策、公共问题的“公共对话”。诚然，当前澳门存在多种不同形式的公共协商活动，比如社团定期举行的小区论坛活动、政府各种形式的政策咨询活动等，然而从整体上看，澳门市民之间特别是社团之间缺乏对公共议题的协商讨论，这就容易使得社团在提出公共要求以及协助解决公共问题的时候，难以形成公共治理的“社会合力”，无法确保政府有较高的政策执行力。如何进一步提升公民积极参与的意识，如何强化政府和公众的互动，如何建立社团之间的有效沟通机制，都是未来澳门社会进一步发展所要解决的问题。

展望未来，澳门社会应该更为凸显的是各个社团乃至政府和社团相互沟通对话的本性。公民与政府的关系是多维的，公民不仅有制约政府的质量，更要有与国家相互扶持、共生发展的使命，政府在推行任何公共政策时都需要公民的支持和参与，公民的意见是公共政策合法化的基础与源泉。公民确实有制约政府权力的一面，但其出发点是为了完善政府，进而更好地保护公民的权利和实现公共利益。

第 6 章　澳门社团组织文化

澳门社会治理的一个鲜明特色是社团和政府形成了良好的和谐合作关系，社团在澳门的社会治理中发挥了举足轻重的作用。社团一方面代表社会各个阶层向政府表达和反映居民的各项要求，另一方面成为特区政府施政的合作伙伴，提供包括教育、卫生、公益、慈善等各项社会服务，形成了政府和社团和谐相处的澳门社团文化。澳门各个社团彼此相互合作，形成了包容共生的合作文化。与此同时，澳门社团在内部管理中存在人情文化、小圈子文化和封闭文化，也体现出社团在内部管理上的制度化、民主化、开放性方面仍存在较大的完善空间，需要不断提升社团管理的制度化和民主化水平，提升社团管理的透明度和开放性，塑造更为民主化和透明化的社团文化。

6.1　社团的和谐文化

澳门社团的和谐文化主要体现于政府和社团之间的和谐关系。相对于其他国家和地区来说，澳门社团与政府的关系较为和谐，多数社团崇尚“爱国爱澳”的核心价值观，比较少用极端的、对抗的方式与政府形成相互对立的紧张态势，形成了澳门特色的社团温和批评政府和监督政府的方式。这种特有的政府和社团和谐文化的形成，是由澳门特有的历史文化以及相关的制度安排所决定的。

首先，澳门政府与社团的基本关系定位是法团主义，即政府和社团关系的基本定位是合作关系，多数情况下社团是作为政府的助手和伙伴来参与社会治理的活动的。一般而言，从国际比较的视角来看，现代社会组织体制主要有三种类型。“第一种是自由主义，国家与社会平行发展，其特点是：国家原则上不限制、监管社会组织，NGO 也较少参与公共服务并较少得到公共资源，如美国、韩国等。第二种是法团主义，国家与社会协同发展，其特点是：国家鼓励并监管社会组织发展，NGO 积极参与公共服务并大量获得公共资源，如德国、英国、瑞典等。第三种是管制主义，国家管制社会发展，其特点是：国家限制并监管，社会组织分为官办和民间两类，分别管理，如新加坡、日本等。”① 澳门的情况属于第二种情况，是法团主义的类型。一方面，社团帮助政府收集和听取民意，使得政府更容易听到民意，并将民意融入公共政策中，让政策更贴近民意。另一方面，社团发挥自身的资源优势和专业优势，弥补政府管理和政府供给公共服务的内在不足，帮助政府执行政策和提供社会公共服务。

其次，政府在社团登记注册上保留了宽松的行政管理空间，澳门社团的准入较为宽松。基于澳门政府对于自由结社权利的肯定和尊重，充分的结社自由使得居民创建或加入社团几乎没有门槛。在澳门，成立社团是很简单的事情，政府只核实申请成立的社团在名称、章程上是否重复，在登记注册时政府只收取很少的印务费，用于在政府公报上刊登章程，而且一般只需要半个月到一个月即可完成所有的法定手续。“一般来说，有完整的组织架构和健全的组织章程，就可以向澳门基金会递交申请，经该基金

① 王名：《现代社会组织体制的国际比较及中国的战略》，《中国机构改革与管理》2015 年第 4 期，第 28 页。

会行政委员会审核之后，你甚至可以获得相应的资金支持，从而成为澳门社团组织中的一员”。①

再次，宽容和谐、包容温和是澳门人的秉性。长期以来，谦和包容、和衷共济已成为澳门人的基本价值信念，人们始终以宽容、互助、温和、友善的心态来待人处事。讲究包容、强调合作是澳门文化和澳门价值的一个重要体现。“包容、共生是澳门价值的根本特质。四百多年来，移民相继来澳，因当局推行殖民统治难以向上流动，而个人或家族又势单力薄，为养家立业，邻居、街坊、同乡、同宗、同业间互爱互助渐成传统，各类成文或不成文的规矩影响和制约着人们的思维与言行。加之天主教、佛教、道教等宗教与民俗信仰普遍且虔诚，培育了澳门人与人为善、见事相帮的特质。总体而言，澳门是一个平和包容、没有敌意的社会。”②

从次，社团通过和政府协商对话来解决社会公共问题的方法有特定的历史传统。回归以前，澳门各个界别的社团就以不同方式和政府进行协商，帮助解决依靠法律途径很难解决的问题。比如从 1970 年至今，澳门的商会和工会就一直就建造业技工的最低薪酬进行磋商，寻求劳资双方皆能接受的薪金水平。再比如，20 世纪 90 年代，澳门街坊会联合总会就发挥良好的沟通桥梁作用，促成市民与政府及地产发展商通过协商达成协议，成功完成了木屋拆迁计划。因此，澳门社团和政府的和谐文化有着社团协商传统作为基础。“澳门社团除了提供康乐、咨询、帮助之外，亦进行非官式而具权威性的协商对话，为居民谋求合理权益及寻找有利的发展权利，所以澳门浓厚的社团文化促成了协商文化在社会

① 《一个基金会与一个社团大社会——与澳门基金会主席吴荣恪先生一席谈》，《中国经济导报》2010 年 4 月 29 日，http://www.ceh.com.cn/ceh/xwpd/2010/4/29/62679.shtml。

② 贺之军：《澳门价值启示国际关系》，《澳门日报》2015 年 4 月 19 日，第 A07 版。

有效地实践。这种协商文化不是法律规定形成，其独特的价值和作用是高于法律。这种文化是建基于澳门具有中华传统文化自律道德的特点的同时，亦被葡萄牙人所带来的议事文化所影响，中西文化底蕴互相有机结合，致使澳门社团在法理之上进行为居民福利自觉进行的协商沟通。”[①]

最后，爱国爱澳是澳门绝大多数社团的核心价值观。澳门的华人社团有着深厚的爱国爱澳传统，它们所覆盖的社会群体也有着这样的核心价值基础，因而一直是澳门平稳发展的坚实基石。[②]澳门华人社团具有光荣的爱国爱澳传统。不少澳门社团的章程都明确将“爱国爱澳”作为社团的主要宗旨或价值观。比如，澳门妇女联合会的章程提到，“本会以增进澳门妇女爱国爱澳、团结、关心社会、服务社会、办好妇女儿童福利事业及维护妇女合法权益为宗旨”；澳门工会联合总会的会歌中写道，“爱国旗帜高高举起，团结维权立场坚”；澳门市贩互助会的章程中也明确指出协会的宗旨是“团结小贩行友，爱祖国，爱澳门”。由此决定了澳门社团和政府的关系是较为和谐的，两者基本上能和平相处，社团极少用激烈的手段来抗议特区政府的施政。换言之，组织游行示威等权益维护的活动只是社团活动的微小的部分，反对政府和对抗政府绝非社团活动的主要内容。

“澳门的社团偏好用较温和的方式争取权益，一般较少采取激烈的街头行动与政府对抗。同时，社团关注的多为民生议题，很少在民主议题上‘高谈阔论’。”[③] 笔者认为，活动不以维权为

---

① 崔世平：《中华文化中人权普遍性与特殊性的探索》，2011 年 9 月 21 日，http://www.humanrights-china.org/cn/xsdt/xscg/t20110920_797328_1.htm。

② 林伟：《澳门社团的整合与培育研究》，《广西社会主义学院学报》2013 年第 10 期，第 25 页。

③ 娄胜华：《公民社会的认识依据——兼论澳门是否有公民社会》，《澳门日报》2013 年 6 月 19 日，第 F02 版。

重心，本质上体现的是澳门社团和政府的和谐文化。事实上，无论是社团与政府的关系抑或是社团间关系中，澳门社团的合作和谐文化始终处于主流的价值观，冲突的、非合作的文化仅仅是处于边缘和少数的位置。

值得一提的是，近年来，澳门社团内部的垄断式结构有转化为竞争性结构的趋势。新生社团的增多，社团的结构日趋多元化和分散化，这不可避免地对传统的社团结构形成冲击。“在澳门众多的社团中，近年来新生社团的影响力在不断扩大，较为有力地冲击着传统社团的支配性地位。”① 但从整体上看，社团之间并没有出现明显的竞争关系，非竞争的、合作的关系仍然处于主流地位。不同的是，社团的结构从原来的等级化结构向平行化结构转变，传统社团的影响力没有以前那么强大，而新生社团的影响力则日益增长。由此，新生社团和传统社团的实力差距日渐缩小，传统的由政府管理大社团再到小社团的机制受到了质疑，这给政府治理带来了新的挑战。但社团结构从垄断化向竞争化转变的趋势，并没有妨碍社团间合作文化的生长和发展。相反，随着社团实力差距的缩小，社团间合作的动力和需求也越来越迫切，从而对强化社团间的合作和谐文化有一定的促进作用。当然，社团实力的缩小也会衍生社团间竞争性的提升，这也表明了未来澳门的社团间关系将会是一种竞争和合作并存的竞合关系。

6.2　社团的人情文化

人情文化又称人格化文化、关系文化、熟人文化等等，一般

① 陈溥森：《澳门社团在社会趋向多元中转型》，《澳门日报》2013 年 2 月 27 日，第 E06 版。

是指根据血缘、亲缘和地缘关系形成很广的社会网络并通过感情来维系人际关系。在人情文化下，社会关系是以本人为中心而一层一层推出去的圆圈，呈现出亲疏有别的差序格局。社会学家费孝通先生曾经指出，在中国传统社会中，社会关系是逐渐从一个一个人推出去的，是私人联系的增加，社会范围是一根根私人联系所构成的网络。在费孝通看来，中国社会是一个有差序格局的社会，人与人之间无论是血缘家庭关系，还是社会政治关系，都有亲疏贵贱的伦次等差，否则就会等于混乱。因此，建立在这一基础上的中国传统社会有几大特征，其中最典型的特征是“人治社会”、“长老统治”和“特殊主义伦理”。这些现象表现在实处，就是“在某种程度上，维持秩序时所采用的力量，不是法律，而是人际关系的历史传统”。[①] 在这种社会文化的基础上，人与人之间的关系就显得非常重要。

黄光国先生在《人情与面子：中国人的权力游戏》一书中就指出，中国人一般拥有三大类人际关系：情感性关系、工具性关系和混合性关系。[②] 其中，如家庭、密友等关系的情感关系持久、稳定，情感成分超过物质功利成分；如店员与顾客等关系短暂、易逝，功利成分大于情感成分；如亲戚、师生等的混合性关系则是空间上联成一个社会关系网络，时间上保持一定的延续性，情感成分和工具成分所占的比重不分上下。在这个体系中，中国人的人际关系中或多或少都存在情感关系的元素。特别是在情感成分占据较高比例和一定比例的情感性关系和混合性关系中，中国人往往会采取亲疏有别的处理方式来选择不同的社会交往“人情法则”，在资源分配上优先考虑和自己熟悉的人。

---

① 王斗、余芳：《中国的关系文化》，《东西南北》2012 年第 14 期，第 10 页。

② 黄光国：《人情与面子：中国人的权力游戏》，巨流图书公司，1988，第 11 ~ 19 页。

由此，人情文化、关系文化的显要特征是亲疏有别，而不是平等对待。儒家思想对人的假设是生活在关系网络中的人。正确处理网络中主仆关系、父子关系、夫妻关系、长幼关系、朋友关系等五种关系，才能使自己的生活幸福。中国人对关系亲疏的选择，是以亲属关系—熟人关系—地域关系—生人关系为路径。每个人都有“以人伦为经，以亲疏为纬”的关系网络。在处理事务时，职责与关系都是必须考虑的因素，负责就会被冠以“六亲不认”“不会办事”，而在亲友圈、朋友圈、老乡圈中失去地位，慢慢被疏远。相比之下，西方国家的关系是一种完全的契约关系。西方关系中更多的是要求权利的享受和义务的履行，西方关系路径的选择比中国简单得多，不分远近亲疏，只看权利义务。①

应该讲，人情文化普遍存在于澳门社会中。其实，澳门虽然一贯被称为中西文化交融的地方，但中国传统文化是底色和核心。由此，人情文化、熟人文化渗透着澳门经济社会的方方面面，无论是政府的公共行政，还是一般的商业行为。在这方面，研究澳门博彩业的学者也指出澳门博彩业的精英体制很大程度上是依托人情文化作为润滑剂，“华人社会独有的人情文化，使得基本上是以面子、信用等人脉关系要素为润滑剂的经营体制，得以顺利运行”。② 在人情文化作为澳门社会底色文化的背景下，其对澳门社团也一定会产生影响。

事实上，人情文化不仅体现在诸如人员招聘的社团内部管理中，也体现于社团选举和社团政治中。比如，有学者就指出，“社团政治中就有熟人文化的因素，包括社团可透过已建立的人

① 马晓娟、韩润娥：《关系营销及中西方关系文化比较研究》，《商业经济》2010年第11期，第85页。

② 王五一：《以赌权开放为中心的澳门博彩业治理体制变迁》，《新华澳报》2014年10月30日，第P03版。

际网，向会员推介个别候选人，又或动员会员支持个别候选人；又如老板参选，向员工施压助选等”。[①]

人情文化有一定的消极性。“人情文化对国民性产生了巨大的消极效应。首先，它助长了一部分国人的自私。做人情总是以自我为圆心，以自我利益为半径的，并依据不同的方式与关系亲疏不同的人进行社会交换，以获取一定的功利目标；而且，做人情还要尽可能保持本人所付出的代价与对方的回报相等，因此讲人情在一定意义上说是个人追求个人利益实现的手段，它极可能滋长斤斤计较个人得失的自私心理。其次，它损害人们的公正心，可能造成社会的不平等。在一个差序格局的社会，资源支配者通常要根据关系的疏密、厚薄以及主观的好恶，选择不同的方式和资源来与关系网内不同的人交往，这样就可能违反社会公正原则和规章制度，而决定是否做人情以及人情的大小，从而造成社会的不平等现象。再次，由于遇事讲人情，唯恐伤害对方的情面，因此人们常常过分表现出忍让、谦恭、中庸、保守、怯弱和自卑等性格。除此之外，像依附、顺从、懒怠、奢侈等许多不良品质与人情文化也不无联系。”[②]

因此，以温情脉脉的人际关系为纽带而结成的民间社团，通过情感上的联谊和物质上的相助，有利于化解群体间的矛盾，增强团结，发挥正面的功能和作用。但人情文化归根到底是一种特殊主义的倾向，而不是一种普遍主义的倾向，这不利于社团管理的制度化、公平化和科学化。澳门社团在未来的发展中要取得进一步的发展，必须要革除人情文化的不良影响，致力实现内部管理的现代化、科学化和民主化。

---

① 《学者倡选举经费透明化》，《澳门日报》2013年6月27日，第C05版。

② 参见涂可国《儒学、人情文化与人际关系的优化》，《东岳论坛》2011年第8期，第39页。

6.3　社团的小圈子文化

从法律层面看，澳门社团有较为明确的法律制度规定的内部治理结构。但从社团管理和社团运行的实践经验看，社团内部管理的制度和成效，却往往取决于少数社团领导的能力及风格，从而导致社团管理出现人格化、非制度化的现象，民主选举、民主决策、民主管理、民主监督的系统机制尚不完善。就此，社会难免质疑社团的代表性及管理的民主性。社团管理民主化不足，我们称之为澳门社团的“小圈子文化”，具体表现为以下几个方面。

首先，真正依照章程通过民主方式选举产生社团领导层的情况并不普遍。依照《澳门民法典》的规定，社团法人需要制定章程，并严格按照章程的规定来运作。在澳门社团运行的实践中，澳门社团的章程千篇一律，而且有些社团生活出现了对章程的偏离。在“领导架构成员产生”这个核心议题上，从制度的要求来看，社团领导成员都需要按章程选举产生。可实际的情况却是，不少社团领导层都是协商产生的。现实中，社团领导层换届的情况基本上都是由少数人事先拟好提名名单后在会员大会上通过。在实践中，社团领导层的产生方式中，“内部协商产生”的比例高于“内部竞选产生”的比例，而且还有少部分社团领导层的产生是“由上一任社团领导推荐或直接由其指定”，这些调查结果也印证了“小圈子文化”在澳门社团中的存在。在“小圈子文化”的影响下，有些社团领导层不是通过选举产生，其认受性和能力就难免受到质疑，这从长远上看并不利于社团的健康、可持续发展。

其次，社团领导的任期没有限制，社团领袖连任多届的现象较为普遍。民主的价值和理想需要多重机制加以层层呵护，这些机制包括法治、竞争选举、理性的选民以及任期的限制等条件。其中，除了竞争性选举外，任期限制是民主理想的一个至关重要的前提条件。这一条件的缺乏，也将意味着民主化不足。反观澳门社团领导的任期不难发现，澳门社团领导在任期上是没有限制的，不少社团领导连任两届甚至多届。少数精英长期担任社团领导的现象，一方面会削弱社团管理的民主化程度，另一方面也不利于澳门社团对年轻政治人才的培养。正如有学者指出的那样，对任期制不做限制的间接结果，会打击年轻人参与社团的积极性，最终导致澳门社团人才的缺乏。“收窄甚至阻碍了青年人在社团内晋升的机会与管道，久而久之，社团成为某些人的‘小圈子’，从而降低了社团对社会成员，尤其是青年人的吸引力，造成社团人才的匮乏。”[①]

最后，澳门号称“社团社会”，截至2018年8月，澳门不到66万人口却有超过8800个社团。虽然澳门社团的密度极高，平均不到100人就有一个社团，但普通居民对社团的参与率并没有想象中的高。这是因为，积极参与社团的是“来来回回那些人”，少数人和小圈子的人可以一个人参加多个社团，从而造成了“社团数量多而居民参与率不高”的怪象。早在2005年，澳门发展策略研究中心所进行的“澳门居民素质调查2005”的调查结果就指出，“社团的权力仍把持在少数人手中，大部分居民社团参与率并不如想象中那么高”。[②] 而且，在众多社团中，真正活跃的社团也不多，只有为数不多的社团较为活跃，大多数的社团默默无闻，没有特别多的活动。2014年，有评论指出“从现有的6000

---

① 娄胜华：《挑战与变革：澳门社团可持续发展分析》，《行政》2013年第2期，第2261页。

② 娄胜华、潘冠瑾、林媛：《新秩序——澳门社会治理研究》，社会科学文献出版社，2009，第29页。

个社团来看真正较有实力、有影响、有能力，致力于为社会服务、为经济发展的社团大约占社团总数的 15%，其余 85% 的当然亦同样发挥着自己的作用。但是，不排除少数社团连日常看门的、听电话的人都没有，形同虚设”。①

最后，在社团领导任期无限制以及社团领导身兼数职等多种因素的诱导下，社团决策与管理上出现了家长制作风以及“一言堂”风气的苗头。“由于决策机构（理事会）人数众多，加上许多社团领导身兼数职，同时，亦有一些领导长期任职、连任多年，因此，往往就由那些长期任职者替代社团领导集体作出决策与管理，久而久之，成为变相的家长制。”② 对于社团管理中“家长管理”文化的滋生，也有学者指出了这种非民主的管理方式对人才培育的不利影响。“本澳传统社团文化以‘家长管理’的方式培养青年人才，对人才的成长其实有一定的负面作用。”③

6.4　社团的封闭文化

与社团内部决策与管理民主化、制度化不足密切相关的另一问题是社团的封闭性。理论上，作为第三部门和社会组织的社团应该具有较高程度的开放性，才能吸引更多人员加入并积极参与社团活动。一般来讲，开放的社团最重要的特点就是保持财务的公开透明，美国等发达国家对 NGO 管理的先进经验就特别强调 NGO 财务公开的重要性。“对基金会等公益慈善性组织的财务管理要作为重点，定期或不定期地进行稽核，将其结果向社会公

① 《社团发展亟待与时俱进》，《澳门时报》2014 年 3 月 20 日，第 02 版。

② 娄胜华：《挑战与变革：澳门社团可持续发展分析》，《行政》2013 年第 2 期，第 256 页。

③ 陈观生：《人才发展战略之对症下药》，《新华澳报》2014 年 4 月 23 日，第 P03 版。

开，允许公众进行检查监督。NGO组织的年检数据和公益慈善机构领导人的收入也公布于众，以方便发挥新闻舆论的监督作用。”①

澳门社团管理的封闭文化，一定程度上是由于社团太过接近政府而衍生出来的管理官僚化引发的。如上所述，澳门社团与政府有着密切的和谐合作关系，这种合作关系在促进政府和社团有效合作的同时，也会带来一定的负面效应。相关理论就提到：第三部门一旦太过接近政府，就容易产生非独立性、迎合型以及官僚化的问题。“从公民社会的角度看，第三部门对政府机关有高度的期待，也有深度的恐惧，期待的是政府部门支持第三部门的活动，无论是经费上或是政策上的协助，都可以让第三部门得以永续生存与蓬勃发展。然而，恐惧的三大问题是，第一，独立性问题：第三部门的独立性是否因为政府的补助而降低，甚至出现资源依赖的现象？第二，迎合现象问题：接受政府补助的非营利组织是否会尽量迎合政府部门的任务要求，从而转变成政府施政的传声筒？第三，官僚化问题：非营利部门是否因为政府部门的介入，使得管理更趋向官僚化、更欠缺弹性？若政府机构以经费补贴第三部门，适度介入第三部门的运作必然出现上述三种现象，这不利于建立一个独立自主的公民社会。”② 其中，官僚化的管理意味着僵化、不够民主透明，这恰恰是当前澳门社团管理面临的最大难题。

澳门社团透明度不高、较为封闭，与社团内部治理制度无法

① 孟伟：《美国NGO组织发展的经验与借鉴》，《特区实践与理论》2009年第3期，第45页。

② 丘昌泰、江明修：《第三部门、公民社会与政府：台湾第三部门发展经验的省思及前瞻》，载江明修主编《第三部门与政府：跨部门治理》，智胜文化，2008，第7页。

提供一个有效的监督机制也有很大的关系。一般来说，澳门社团的内部治理机构分为全体会员大会、理事会和监事会。其中，会员大会是社团的最高权力机关，决定社团的重大事项，如章程的修改、社团各机关成员的任免、资产负债表的通过、社团的消灭，以及法律或章程没有赋予社团的职责范围的事宜均为社团会员大会的权限内容。理事会是社团的执行机关，通常由民主选举产生，设有理事长、副理事长、秘书长等职位，负责处理社团的日常工作。理事会每年向全体会员报告工作开展情况。监事会属于社团内部监督机构，具体负责监督法人行政管理机关的运作、查核法人的财产、编制年度监察报告等工作，为了履行职务，监事会可以要求行政管理机关提供必要或适当的资源和方法。实际上，“尽管澳门大多数社团都具有法律要求的理事会、监事会等形式要件，但是社团内部的监督机制并未真正启动，未能发挥彼此制衡、民主监督的功能”。[①] 内部民主监督功能的不到位或缺位，在一定程度上为社团“小圈子”文化的发展提供了更多的生长空间和可能。

事实上，对社团建立起一套公开透明的开放性的社会监督机制是非常重要的。这是因为，社团的开放性程度决定了社团的吸引力和凝聚力。如果一个社会的社团开放性不够，或者说社团管理处于一种较为封闭的黑箱作业中，那么社团对居民的吸引力肯定是有限的，居民的社团参与率也不会达到一个较高的水平。正是在这个意义上，有学者指出，澳门社团的封闭文化是澳门存在大量社团而居民的民主意识和参与意识不高的原因所在。“澳门目前社团遭遇的成员流失与退出，实际上，既有社会环境剧变的

① 李燕萍：《对澳门社团监督问题的思考》，《当代港澳研究》2014 年第 2 期，第 20 页。

因素，也与社团的封闭性直接相关的。这也是何以澳门存在大量社团而公民的民主意识与政治参与意识却并不如想象得那样高之原因所在。”①

6.5 澳门社团组织文化的发展展望

在法团主义的政府－社团合作体制中，受中国传统文化的影响，澳门社团文化表现出特有的和谐文化、人情文化、小圈子文化以及封闭文化，表现出非竞争的、非公开的、人格化的、民主化不足的特点。这与我们提倡的开放的、与国际接轨的、竞争的、民主化的、制度化的社团文化有差距。因此，在肯定澳门社团在协助政府提供社会公共服务中的作用和贡献的同时，需要进一步检讨澳门社团文化存在的问题，加强社团管理的制度化、民主化、透明化。

首先，加强政府对社团管理的规范化和制度化。诚然，人情文化有正面效应也有负面效应，人情文化应用得好的话可以减少很多交易成本，强化信任机制，成为推动进步的润滑剂，但人情文化也有负面效应，在一定条件下可以成为制度管理的对立面。由此，在加强澳门社团管理的规范化和制度化的过程中，一定要充分关注人情文化影响的两面性，尽量杜绝人情文化可能产生的负面效应。当前，在人情文化的影响下，不少澳门社团的发展主要依赖社团主要负责人的社会地位和人际关系网络。换言之，某个社团的领导或负责人的人际关系资源丰富，这个社团就能得到更多的资源，获得更多的发展空间。由此，在澳门未来社团的发

① 娄胜华：《庇护主义、利益政治与澳门社团文化嬗变》，载澳门社会学学会、澳门大学社会学系 2009 年主办“两岸四地政治文化与公民社会国际研讨会”论文集，第 245 页。

展中，应该着重强化政府对社团活动和绩效的评价。社团绩效高的，就应该获取更多的政府资助和资源；反之，则无法得到相关的政府资助和资源。如果社团长期没有活动，则应该加以取缔，以此来提升社团活动的质量和专业化水平，回归社团发展的正轨。假如还是由人情文化左右发展资源的话，那么澳门社团的发展将陷入一条止步不前的死胡同。因此，澳门社团内部管理的制度化的提升，最终还是要从外部的评价机制和监督机制入手，由外部制度化的创设来倒逼内部管理的科学化和制度改革。

其次，加强澳门社团内部管理的民主化。澳门社团“小圈子”文化的存在，本质上反映的是澳门社团管理民主化不足的缺陷。这种缺陷既表现在社团领导的产生方式上，也表现在社团领导的任期以及家长式决策方面。由于缺乏民主管理的精神及秉性，澳门社团难以成为澳门社会的中坚力量，也因此导致澳门社会发展的不完善与不成熟。“整体而言，澳门社团组织未臻完善，管理模式相对落伍，缺乏科学管理人才。较之于现代社会中组成公民社会中坚的非政府组织，澳门社团是‘形同质异’，导致‘社团繁荣而公民社会不成熟’的局面。”[①] 由此，应该从推进澳门社团内部管理的民主化入手，着力改变澳门社团内部管理的“小圈子文化”。具体而言，要逐步推进民主竞选的方式，让更多的年轻人以及有能力的人参与到社团领导层的选举中来，真正使澳门社团领导的更替纳入“竞争性选举”的民主元素。假如没有竞争性选举的全面渗透和引入，那么民主的理想就会是一句空话。在协商文化的影响下，澳门社团领导实现全面依靠竞争性选举的转型并非一朝一夕就能完成的，需要逐步有序地推进这种民

① 潘冠瑾：《1999 年后澳门社团发展的状况、问题与趋势前瞻》，《中共杭州市委党校学报》2013 年第 3 期，第 34 页。

主的转型。否则，家长式管理以及一言堂的组织文化将长期得不到根本的改变，澳门社团管理也将跟不上社会经济的变化。此外，对澳门社团领导的任期进行限制，同时鼓励澳门市民参与社团的积极性，减少社团领导长期任职而衍生出来的家长制和一言堂的情况，也都是提升社团管理民主化的关键对策。

最后，加强社团监督，提升社团管理的透明化。澳门社团的封闭文化，使得无论是一般居民还是社团成员对社团的认同度都不高，尤其是社团成员组织认同欠缺的问题，需要引起更多的关注。当前不少澳门社团的实际情况是，社团成员与领导层的互动机会少，导致社团成员与领导缺乏沟通。由于社团的运作较为封闭，普通社团成员对社团的各种信息不了解，久而久之，社团就容易成为“社团领导”的社团。换言之，由于信息不对称等原因，社团中容易分化成“社团领导”和“社团成员”两个群体，长久下来，社团发展等事务和问题就成为社团领导而不是社团成员要考虑的问题，社团就容易成为少数人的社团，反过来又加深了社团的小圈子文化。因此，提升社团管理的透明度有着特别重要的意义。提升社团管理的透明度，改进社团管理的开放性，既是提升社团凝聚力和吸引力的一个必要途径，也可以有力促进社团管理民主化程度的提升，进一步压缩小圈子文化的生存空间。毕竟，公开是最好的监督机制，让社团财务及决策过程公开，可以更为有效地监督社团领导，确保社团管理的实践不偏离宗旨，确保社团的角色和作用能真正发挥起来，确保社团能公平、公正、有效地运用好公共资源。特别重要的一点是，要在实践中不断摸索社团内部治理机制的创新，达成社团会员大会、理事会和监事会之间互相制衡、相互配合的关系，形成社团内部运作协调的相互监督机制，有力监督社团领导层和决策层的行为。

第7章　澳门社团的人力资源状况

在人们普遍关心澳门社团的角色和功能的同时，也有必要关注澳门社团的内部管理问题。毕竟，澳门社团角色和功能发挥的限度，归根到底是由澳门社团内部管理的现代化和科学化程度所决定的。而澳门社团内部管理的范围内，人力资源管理又是其中最为关键的。因此，本章主要考察的是澳门社团人力资源的总体状况，分析在澳门人力资源短缺和不足的整体情况下澳门社团雇员和义工的基本现状，讨论澳门社团的人力资源管理，并提出完善澳门社团人力资源管理的几项建议。

7.1　澳门人力资源的整体情况

一般来讲，人力资源是指一个国家或地区劳动力人口的总和，既包括高级专才，又包括一般劳工。从总体看，澳门人力资源最主要的特征就是人力资源的短缺和不足，即澳门高级专才和一般劳动力的供应未能满足经济和社会的发展所需。人力资源的短缺和不足是澳门经济社会发展的主要瓶颈之一。回归以来，随着澳门经济的快速发展，澳门的人力资源整体上呈现出高级专才和一般劳工都短缺的情况，反映出澳门人力资源在“量”和“质”上的短缺和不足。近几年的数据表明，随着澳门经济的快速发展，澳门居民劳动力供给与劳动力总需求的差距越来越大，本地居民劳动力短缺的情况越来越严重，如表9

所示。

表 9　2010～2014 年澳门劳动力需求与供给

单位：万人

年份	2010	2011	2012	2013	2014
劳动力总需求	38.9	42.5	45.0	48.9	52.8
澳门居民劳动力供给	26.6	27.9	28.5	29.3	30.2
劳动力供需差额	－12.3	－14.6	－16.5	－19.6	－22.6

资料来源：澳门特别行政区政府政策研究室：《澳门人口政策研究报告》，2015 年 7 月。

首先，博彩业的快速发展形成了强大的人力资源需求，吸纳了多数的人力资源，加大了其他行业人力资源短缺的情况。回归后，随着澳门"赌权开放"和"自由行"政策的实施，在博彩旅游业的带动下，澳门经济高速发展，澳门人均 GDP 接连超过香港、新加坡等地，成为全球人均财富最高的地区之一。然而，澳门的经济发展始终存在着产业单一的发展风险和隐忧。回归以来，尽管特区政府一再贯彻"经济适度多元"的发展理念，然而产业结构的基本格局仍然是博彩业的一业独大。博彩业吸纳了多数的人力资源，使得其他行业和其他领域的"人才荒""人力荒"的情况日益加重。事实上，澳门博彩业及整体经济社会的发展，给澳门人力资源供给带来了极大的压力，澳门人力资源短缺和不足已经成为制约澳门经济社会发展的主要瓶颈之一。"据澳门统计暨普查局数据，澳门博彩业高速发展的十年间，仅博彩业就业人口就由 2004 年的 2.29 万人急速增长至 2013 年的 8.33 万人，总计增加了 6.04 万人。由此，澳门博彩业维持高速发展，平均每年新增劳动力需求至少为 6000 人，而据澳门特区统计暨普查局数据，2004～2013 年十年间澳门年均新生婴儿仅为 5041 人，如排除新生婴儿转化为劳动力过程中的损耗，澳门本地劳动力增长无法满足博彩业高速发展的劳动力需求。"[①]

其次，在人力资源供给不足的同时，还存在人力资源供给的结构失衡。澳门人力资源的短缺和不足，不等同于所有的人员都能找到相应的工作。事实上，即便是在整体人力资源普遍缺乏的背景下，不少学历低、年龄大而又缺乏一定技能的人员，依然面临着找不到工作的困境。正如有学者所指出的那样，这表明澳门的人力资源出现了"结构性失衡"的现象。"转型期的澳门经济及社会结构，已经出现人力资源的结构性失衡，即高素质人力资源明显短缺和低素质人力资源长期过剩这样两种现象，同时存在。换句话说，一方面，'有事没人做'，另一方面'有人无事做'。"[②] 之所以出现这种人力资源的"结构性失衡"现象，在一定程度上是由澳门本地居民人力资源的教育程度所决定的。数据表明，澳门具有高等教育学历的比例偏低。"2011 年澳门学历人口的分布为：小学教育或以下 34.3%，初中教育 22.8%，高中教育 26.1%，高等教育 16.7%，特殊教育 0.1%。"2014 年本地就业人口的教育程度中，"具有高中教育程度的就业人口占 27.9%，具有高等教育的就业人口占 31.2%"[③]，如表 10 和表 11 所示。

表 10　2001、2011 年按学历的人口分布

单位：%

年份	2001	2011
小学教育或以下	54.6	34.3
初中教育	22.3	22.8
高中教育	25.6	26.1

① 袁持平、介莹：《博彩业发展与澳门承载力适应性研究》，《新华澳报》2015 年 11 月 19 日，第 P03 版。

② 程惕洁主编《澳门人力资源调查》，社会科学文献出版社，2009，第 39 页。

③ 澳门特别行政区政府政策研究室：《澳门人口政策研究报告》，2015 年 7 月。

续表

年份	2001	2011
高等教育	7.4	16.7
特殊教育	0.1	0.1

资料来源：澳门特别行政区政府政策研究室：《澳门人口政策研究报告》，2015 年 7 月。

表 11　2014 年本地就业人口的教育程度

教育程度	小学教育	初中教育	高中教育	高等教育	其他
比率	14.4	23.2	27.9	31.2	3.3

资料来源：澳门特别行政区政府政策研究室：《澳门人口政策研究报告》，2015 年 7 月。

最后，输入外地劳动力成为缓解澳门人力资源短缺的重要途径。在本地人力资源无法满足经济发展所带来的巨大的人力资源需求时，外地劳动力的输入无疑是解决人力资源供需矛盾最为有效的方法。回归以来，澳门外劳大幅增长，有力地弥补了澳门劳动力的缺口，解决了澳门经济发展中人力资源不足的燃眉之急。当然，当前澳门特区政府外劳政策仍然存在不少缺漏，也有许多需要进行检讨和完善的政策空间。比如，政府外劳政策原意是"首先善用和开发本地人力资源、输入外地雇员的原则是作为本地劳动力资源不足的补充"，但事实上由于外劳人数增加得太快，外来劳动力与本地劳动力的比例已经接近 1∶1，已经有些偏离"外劳作为补充"的原意。总体上看，特区政府的外劳政策在外劳的入口、管理和退场方面仍然有较大的改善空间，在外劳输入机制上缺乏科学的审批标准和管理方法，外劳管理方面没有就外劳的权益保护及与本地人的生活摩擦做较为系统的研究分析，这些都是未来澳门外劳政策需要进一步思考的问题。但不可否认的是，回归以来外劳的急剧增长确实对澳门的经济发展做出了不可磨灭的贡献，补充了澳门本地劳动力不足的缺陷，降低了澳门企业发展的劳动力成本，促进了澳门整体经济的发展，见表 12。

表 12　回归后澳门外劳人数及其占总体就业人口的比例变化

时间	外地雇员（期末结余）（人）	总体就业人口（千人）	外地雇员占澳门总体就业人口的比例（%）
2000 年 12 月	27221	196.5	13.85
2001 年 12 月	25925	210.2	12.33
2002 年 12 月	23460	204.0	11.5
2003 年 12 月	24970	212.2	11.77
2004 年 12 月	27736	228.7	12.13
2005 年 12 月	42496	250.9	16.94
2006 年 12 月	64673	282.7	22.87
2007 年 12 月	85207	313.4	27.18
2008 年 12 月	92161	319.7	28.83
2009 年 12 月	74905	313.2	23.92
2010 年 12 月	75813	319.6	23.72
2011 年 12 月	94028	338.9	27.75
2012 年 12 月	110552	350.6	31.53
2013 年 12 月	137838	376.0	36.66
2014 年 12 月	170346	396.8	42.93
2015 年 5 月	179416	398.5	45.02

资料来源：笔者根据澳门特区政府统计暨普查局的数据制作而成。

可见，回归以来，澳门人口的人文素质和教育水平得到一定的提升，但依然存在较大的发展空间：非高等教育程度的人口占人口总数的 83.2%（2011 年），小学及初中教育程度的人口占总人口的 57.1%（2011 年）；非高等教育程度的就业人口占总就业人口的 68.8%（2014 年），小学及初中教育程度的就业人口占总就业人口的 37.6%（2014 年）。这就意味着，澳门人口和就业人口中，多数人的教育程度是高等教育以下，而初中及小学教育程度的人口占了相当大的比例。正是澳门人口和就业人口的教育程度不高，导致澳门人力资源供给上的结构性失衡。

7.2 澳门社团受雇人员的基本情况

如前所述，社团在澳门的政治行政体制中发挥着重要的作用。在法团主义的体制中，社团一方面帮助政府提供社会公共服务，另一方面又代表社会各阶层向政府表达各方面的利益要求并监督政府施政。回归以后，虽然政府承担了以前由社团承担的不少公共服务，但社团的影响力并没有因此而减少，而是基于自身的特点对政府继续施加强有力的影响作用。值得关注的是，回归后澳门社团的数量呈现井喷式的增长。社团数量的急剧增长，意味着社团人力资源有较大的缺口。在澳门人力资源不足的情况下，澳门社团人力资源是否也存在短缺和不足的情况？澳门社团人力资源的年龄、学历等方面的基本情况如何？

社团组织的类型是广泛而多样的。根据萨拉蒙等学者的分类，可以将社团组织分为四种类型。“一是服务提供组织，比如卫生保健、疗养院、教育机构、日间照顾中心；二是倡导性组织，比如公民权、环保组织、妇女权益保护组织、同性恋权益组织及先进的保护性运动；三是表达性组织，比如艺术、社会以及宗教组织；四是社区构建组织，比如社团及慈善基金会等组织。”① 由于受现实条件的限制，有调查②访问了以文化娱乐、社服慈善、专业学术组织为主的社团。相关调查结果显示，54%的社团没有聘请全职雇员，58%的社团没有聘请兼职雇员，雇员平均年龄以30～44岁的

① Thomas P. Holland and Roger A. Ritvo, *Nonprofit Organizations: Principles and Practices*, Columbia University Press, p. 2.

② 笔者参与娄胜华教授组织的社团调研活动。

中年人为多，近七成雇员具有大专或大学以上文凭。

7.3　澳门社团义工的基本情况

社团要进行成功的运转，除了需要有一支专职和兼职的雇员队伍之外，还需要志愿者（义工）的支持。在社团组织中，志愿者不仅在数量上占有很大比例，而且对于减少社团组织的人力资源成本及扩大组织规模方面起着非常重要的作用。“志愿者是非营利组织发展过程中的应有之意。在对非营利组织的界定中，志愿性是其主要的特征之一，即这些机构是基于共同利益和信仰而结成的团体，成员加入或退出是自愿的。因此，志愿者的存在是非营利组织和利益组织相互区别的一个重要的特点。”①

通过调查研究发现，澳门社团人力资源的主要构成为社团雇员和社团义工，除了社团雇员之外，义工对澳门社团的成长和发展做出了巨大的贡献，大概有一半的社团都有自身的义工。有关调查表明，澳门社团的雇员和义工大约各占一半，在人力资源总体不足的澳门社会中，义工对澳门社团的发展发挥了重要的作用。有调查结果显示，澳门的社团中半数社团有义工服务，多数社团的义工数量在 100 名以下，六成社团每名义工每月平均工作时间在 10 小时以下，大概有 30% 的社团设有义工培训计划。②

7.4　澳门社团人力资源管理的情况

对于任何一个组织来讲，包括人力资源管理在内的内部管理

① 张芸芸:《人力资源管理视角下非营利组织志愿者管理研究》,《江西科技学院学报》2015 年第 6 期，第 40 页。

② 数据来自笔者参与的娄胜华教授组织的社团调研活动。

是至关重要的，社团也不例外。在某种意义上讲，与政府和私人企业比较，社团的人力资源管理更加困难和复杂，其复杂性主要表现在以下两个方面。一方面，社团组织有多重而复杂的目标，有些目标又经常是自相矛盾的，这使得管理任务更加困难。“私人非营利组织具有两个重要特征：一是不以营利为主要目的；二是财产‘非分配’的约束。故当其建立时必须在章程中明确指明为‘非营利’。由于各种不同的原因，这些组织倾向于拥有多重目标或使命，而这些目标或使命有时甚至是相互矛盾的，从而导致管理者精力分散，使管理任务更加艰巨。”① 另一方面，人力资源包括志愿者和内部人员两个部分，两者的管理规则和方法各有不同，这进一步加大了管理的难度。换言之，志愿者给私人非营利组织提供重要资源的同时也对该组织的管理者提出了挑战。“由于志愿者是无偿的，在财务上并不依赖于该组织，有些甚至还是主要的捐赠者，因此对他们的管理和控制较困难。加之私人非营利组织可能也有带薪雇员，这两种员工的存在更增加了管理的复杂性。”②

澳门地方小，是较为典型的熟人社会，人才的发展除了才能之外，更看重人脉即人际关系网的资本。长期以来，澳门的人才选用模式比较重视论资排辈的传统方式，缺乏公开、开放的竞争机制。澳门社会多数社团的人才管理方式讲究的是“薪火相传”，在社团内部管理方面，存在着封闭倾向，缺乏民主选举、民主决策、民主管理、民主监督的机制。例如社团领导人更替，往往不是按照章程规定通过选举产生的，而是协商与鼓掌通过。有关调

---

① 谢洒薪、张金成、踪家峰：《西方非营利组织管理理论及其借鉴意义》，《南开学报》（哲学社会科学版）2002 年第 2 期，第 83 ~ 84 页。

② 谢洒薪、张金成、踪家峰：《西方非营利组织管理理论及其借鉴意义》，《南开学报》（哲学社会科学版）2002 年第 2 期，第 84 页。

查结果还发现，澳门社团的招聘主要依靠同事或朋友推荐来招聘员工，大部分社团都能招聘到合格的员工，也能留住合资格的员工，能为员工提供适当的培训和转业发展机会，但薪酬的竞争力比较一般。①

源于澳门较为传统的、民主化不足的组织文化，澳门社团人力资源管理处于一个现代化和科学化不足的阶段。通过对澳门社团在招聘、薪酬、吸引人才等各个人力资源管理环节的调查还发现，总体上来看，澳门社会的人才管理制度较为传统和落后。"目前本澳人才管理现状参差不齐，体现在人才管理的体制与机制的创新滞后，人才有能量，但闷在里面释放不出来；缺乏内在冲动和激情，改革思维发紧；过于实用主义，人才管理缺乏理念牵引和战略思维，用人上往往是短期行为；人才管理机制、体制不健全，行为滞后于理念。本澳必须进行大刀阔斧进行人才的体制改革、机制创新、扫除障碍、完善体系。"② 因此，应该不断优化人力资源管理机制，提升社团雇员管理、义工管理和人才管理的科学化水平，增进澳门社团专业化服务能力。

7.5　完善澳门社团人力资源管理的几点建议

在澳门，社团具有参与社会治理和参与政治选举的双重功能，因此澳门社团既面临着其他国家和地区非营利组织常见问题，也遇到了其他国家和地区非营利组织所没有遇到的问题。当中，人力资源管理是澳门社团面临的最主要的挑战之一。针对澳门社团人力资源的现状及其管理中存在的一些问题，澳门社团人

① 笔者参与娄胜华教授组织的社团调研活动。

② 《本澳人才评价机制可考虑引入积分制》，《新华澳报》2016年1月13日。

力资源管理未来需要从引入参与式管理、规范人员的选拔标准、建立有效的激励机制以及加强人员的专业能力建设等几个方面入手进行改革和完善。

首先，避免陷入官僚化管理的陷阱，加强民主管理、民主决策和民主监督，引入参与式管理。社团管理会有官僚化的风险，这为社团管理走向科学化管理增添了难度。当前澳门人力资源管理最主要的问题，在于出现了社团管理的官僚化。“观察澳门社团的组织结构，一方面，一些功能性代表团体的组织体系越来越庞大，管理层级越来越多，管理链条越拉越长；另一方面，社团的治理结构越来越复杂，领导架构成员越来越多。正是由于上述两方面原因，社团内部行政程序越来越繁复，效率越来越低，以至于召开一次平常性理事会也变得不容易。况且，不少社团领导人年龄偏大，其中的一些人甚至连现代电子办公工具也无法运用，因此，社团决策的质量与行政效率始终难以提高，社团的行政化与官僚化倾向越来越严重。”① 参与式管理是指员工介入管理决策制定和实施，通过与管理层的交互作用，参与和影响管理行为的过程。参与式管理本质上是一种以人为中心、以人为本的管理模式，是使命导向、质量导向的管理，强调的是质量的提升和人员的授权。因此，参与式管理特别适用于非营利组织，对减少专业人员的压力而言是一种很好的管理模式。

其次，建立规范的人员招聘甄选标准和机制。由于社团组织的自发性、志愿性、非营利性以及公益性特征，对人员的选拔具有和私人企业不同的特殊要求。当前不少研究发现社团组织难以招聘到合适人才，主要原因之一便是社团组织的招聘甄选机制存

---

① 娄胜华：《挑战与变革：澳门社团可持续发展分析》，《行政》总第100期，2013年第2期，第255页。

在一定问题。当前澳门社团招聘人员的方式主要依靠同事或熟人朋友介绍，这是一种较为传统的人员招聘方法，在管理机制方面尚未实现人员招聘的科学化。因此，未来澳门社团在人员招聘方面应该努力实现科学化和规范化，以提升组织管理的效率和效果。“任何组织都应该讲求效率与效果，公益性的非营利组织也不能例外。组织的效率与效果，来自每个志愿者的品质、能力与专长。所以应该对于非营利组织中的关键岗位，进行素质模型分析，把握其胜任能力特征，并且在此基础上进行测评与招聘。”① 具体而言，社团组织在人员招聘时，要首先对组织岗位、人员规划进行深入分析，按照人员与职位匹配原则选拔人员，明确招聘程序，以确保招聘到符合组织岗位能力素质的相关人员。这里要强调指出的是，不论是社团雇员还是志愿者，都需要一套科学的规范化的招聘管理机制，这是因为，“志愿者也是需要进行招聘甄选以及绩效考核的，否则将面临难以管理阻碍 NGO 整体发展的困境”。②

再次，建立科学有效的人员激励机制。美国哈佛大学的詹姆斯教授曾经指出，“实行计件工资的员工，其能力只发挥 20% 至 30%，仅仅是保住饭碗而已，而在其受到充分激励时，其能力可发 80% 至 90%，其中 50% 至 60% 的差距是激励的作用所致”。③ 当前澳门社团面临着社团吸引力不够的问题，“年轻人对参与社团事务缺乏兴趣，令很多社团都面临人员青黄不接的问题”。④ 社

---

① 萧鸣政：《非营利组织人力资源管理的几个发展方向——基于非营利组织特征的思考》，《中国人力资源开发》2007 年第 7 期，第 74 页。

② 汤臻茹：《中国 NGO 人力资源管理研究述评》，《中国人力资源开发》2015 年第 17 期，第 11 页。

③ 斯蒂芬·P. 罗宾斯：《管理学（第 7 版）》，中国人民大学出版社，2004 年，第 132 页。

④ 尹国辉：《港澳的社团发展与社会行动》，载余振、余永逸、邝锦钧编《双城记——回归后港澳政治、经济与社会发展》，澳门社会科学学会，2003 年，第 392 页。

团吸引力不够与缺乏科学有效的激励机制有着密切的关系，包括对志愿者和内部员工的激励机制缺陷。因此，建立社团人员激励机制显得尤为必要。结合社团工作人员自身的特点，应该采取多元的、综合的激励机制。其一，对于社团组织雇员来讲，组织应当建立起合理的薪酬体系，保证其基本的物质需要。其二，除了物质激励外，社团组织应该着重从晋升激励、情感激励和绩效激励等各个方面来构建激励机制的系统体系。很难单独依靠经济上的激励来简单作为社团人员的激励机制。“由于社团雇员尤其是志愿者的行动内驱力主要来自于道德信念的自我激励，再加上第三部门工作人员薪水远不如私营企业和政府部门，很难通过经济上的激励吸引到优秀的人才。”[①] 比如，社团组织应积极运用晋升激励的方式，通过公开选拔、竞争择优的方法将真正有能力的人员安排到较为重要的职位上，赋予其更多的权力、责任和更大发展空间。此外，还可以通过情感激励、信任激励的方式，赋予其具有挑战性的工作和更大的责任，从而使员工感受到领导的充分信任，以高度的责任感投入到工作中，使员工感受到充分的尊重与信任，以更强的进取心投入到社团发展事业中，从而实现对员工的有效激励。

最后，加强专业性人才的培养，提升社团人力资源的专业化水平。是否拥有一支专业化、高素质的人才队伍，对社团组织提供优质的公共产品与服务、履行社会责任具有决定性的作用。在关于社团人力资源的调查中，虽然澳门多数社团认为可以留住相关的人员，但同时也有相当一部分社团不认为可以留住人才，有些澳门社团仍然面临专业人才较为缺乏的问题，特别是社工等领

① 杨和焰：《公共管理视域中的第三部门：功能、优势及困境》，《公共管理学报》2004 年第 3 期，第 54 页。

域的专业人员短缺较为突出。现实中社团社工与政府社工的待遇存在较大的差距，导致不少社团社工不断流向政府，从而难免削弱和降低社团社工队伍的专业化水平。“社工主要是流向政府，因为政府增加了很多不同的职务。流向其他行业的不是很多，因为社工毕竟是一个专业，他们会想办法在这方面发展。”[①] 未来社团应做好自身服务的专业化水平，例如在举办活动方面不要追求规模化，而是应追求专业化，追求专业化服务水平的不断进步和提升。在这方面，社团组织应该建立职业培训制度，开发针对性强、直接作用于人的人才培养与开发项目。既要注重能力发展和专业化职业能力的提高，又要重视改善人才的发展空间，满足不同层次的培训需求，致力提高从业人员的能力、素质。

① 程惕洁主编《澳门人力资源调查》，社会科学文献出版社，2009，第 219 页。

第 8 章　澳门社团的社会服务模式：以街坊总会为例

在澳门，居民的自由结社权利得到了政府充分的肯定和尊重。澳门特区政府在社团登记注册上保留了宽松的行政管理准入空间，在社团登记管理的自由体制下，澳门社团众多，几乎覆盖各个范畴，无论是社会服务、慈善事业、体育竞技，还是专业技术都有相应社团组织。依据澳门特区政府印务局对澳门社团的分类，澳门社团有 16 个类别。截至 2019 年 12 月，澳门共有社团 9535 个，其中文化类的社团有 1815 个，科学及科技类的社团有 128 个，业主类的社团有 169 个，体育类的社团有 1534 个，法律类的社团有 30 个，教育及青年类的社团有 922 个，基金会类的社团有 30 个，工商及服务类的社团有 1100 个，文娱活动类的社团有 707 个，专业类的社团有 356 个，环境保护类的社团有 126 个，宗教类的社团有 455 个，卫生类的社团有 269 个，社会服务类的社团有 1362 个，劳工类的社团有 244 个，其他类的社团有 288 个。其中，社会服务类社团的数量排在第 3 位，仅次于艺术文化类和体育类的社团，大概占澳门社团总量的 14%。

在社会服务类的社团中，澳门街坊会联合总会可谓是规模最大的。成立三十多年来，澳门街坊总会积极参与房屋、教育、治安、交通、环保、卫生等社会服务工作，维护特区的和谐稳定，关顾居民的各项民生福祉，从街区互助会发展成为遍及居民的自我服务、自我教育、自我管理的自治组织，获得了政府和广大居民的认可与支持，帮助配合特区政府了解民情民意，积极建言献策，为街坊民众提供多元化的公共服务，在澳门社会管理和社会服务中发挥了重要的作用。

8.1　澳门街坊总会的基本概况

1983 年 12 月 30 日，澳门街坊会联合总会正式成立（以下简称澳门街坊总会）。多年以来，街坊总会不断拓宽和深化为居民提供多元化社会服务，致力拓展创新服务，努力提升服务质量。在提供多元化的社会服务中，积极谋求和政府的良性互动，达成与政府的双赢合作，倡导爱国团结精神，推动坊众睦邻互助，发展坊会福利和社会公益事业，成为特区政府在社会服务供给中不可或缺的主要力量和载体。

（一）组织使命

长期以来，澳门街坊总会以爱国爱澳为己任，致力于服务居民和服务社会，致力于建设更加美好、健康、和谐、快乐的澳门社会。澳门街坊总会是在殖民统治的特殊社会背景之下创立的民间自助组织，从成立之初就以团结社区里的华人群体为己任，争取华人在澳门的生存和发展权利。澳门街坊总会的工作宗旨是为居民办实事、谋福祉。秉承“团结坊众、参与社会、关注民生、服务社群、共建特区”[①] 的二十字方针，澳门街坊总会坚持爱国

① 街坊总会随着社会发展的需要，不同时期工作方针不断调整变化，如 1989 年的方针为“关心社会、参与社会、关注民生、服务社群”，1993 年调整为“团结坊众、参与社会、关注民生、服务社群、共建特区”方针，沿袭至今。

爱澳、团结坊众、服务坊众的创会宗旨，服务社区，积极为社区居民服务，为街坊办实事、谋福祉，为市民争取权益。最为典型的例子是1995年澳门青州木屋拆迁安置事件。1995年10月，澳葡政府当局出动防暴警员配合开发商强制拆屋时，发生警民冲突，街坊总会和坊会负责人立即赶赴现场阻止，避免了事态的激化。在这个事件中，居民、政府、开发商之间发生了诸多矛盾，坊会始终坚持尊重居民意愿的原则，进行了多方面、多层次的协调，保证了木屋居民顺利获得政府安置和拆迁补偿的公平、合理的权益。

回归祖国以后，澳门经济快速发展，同时也衍生出许多社会民生问题，诸如住房、交通、教育、养老保障等等。如果不能很好地解决住房难、看病难等问题，就有可能引发深层次社会矛盾。因此，街坊总会非常关注澳门民生问题，积极参政议政，推动和配合政府调查研究市民最关注的房屋、交通、物价等问题，多渠道拓展资源，不断提升社会服务水平。为此，澳门街坊总会在社会和政府中间搭建了一座沟通桥梁，定期约见政府部门，将居民困扰的问题向相关部门反映，亦向市民传递各政府职能部门的相关法律和政策信息。

（二）治理结构

1. 街坊总会的组成结构

街坊总会的组成结构主要可以分为管理性组织和服务性组织两个层面。当中，3个分区办事处和28个基层坊会是街坊总会的管理性组织；30多个服务中心和服务机构及50多个大厦业主会是街坊总会的服务性组织。总的来看，当前澳门街坊总会的管理结构日益呈现层级化、复杂化的特点，机构内部的分工越来越明确，同时也越来越细。随着组织发展，澳门街坊总会的组织制度也在不断完善，民主集中制逐渐成为街坊总会的组织原则。①

（1）分区办事处

街坊总会有 3 个分区办事处，依照澳门地理区域的不同分为北区办事处、中区办事处和离岛区办事处。其中，街坊总会北区办事处于 2004 年 5 月 12 日成立，旨在进一步加强与北区居民的联系，关注北区民生事务、社区发展，为北区居民提供更方便的咨询、投诉及个案求助服务，为建造和谐美好的社区而做出努力。北区办事处的服务内容包括咨询服务、议员接待市民、受理个案求助、关注社区建设等。

中区办事处是街坊总会辖下的区域性办事机构，自 2007 年 11 月 12 日成立。中区办事处秉承街坊总会的宗旨，积极关注社区治安、交通、环境、卫生等问题，努力为居民办实事、争权益、谋福祉，拓展社区工作，努力打造成为街坊最好朋友的社区服务形象。中区办事处全力开拓服务，深入社区发现问题，接纳坊众所提出的意见、诉求，并就社区内各种问题作个案跟进，协助坊会处理，以创新思维开展多元化的社区服务，协助坊众解决社区存在的各种环境、民生问题，改善生活品质。

离岛区办事处是街坊总会在离岛区的办事处，于 1998 年 7 月 22 日成立，办事处旨在通过扎实的社会服务来加强街坊总会与基层坊会的联系，协助基层坊会拓展会务，巩固社区力量。同时关注地区坊会事务，开拓社区议题，开展公民教育，协助坊众解决问题，从而更进一步推动社区睦邻友好的关系，搭建街坊总会与坊众友好交流的桥梁，增进坊众对街坊总会的认知和认同。

---

① 祝春兰：《澳门街坊总会简介》，《上海青年管理干部学院学报》2006 年第 4 期，第 59 页。

（2）基层坊会

街坊总会下设有28个基层坊会[1]，一般而言，基层坊会以“睦邻互动，关爱社区”为宗旨，是典型的邻里组织，扎根社区，致力提升社区居民的各项生活品质，丰富社区居民的文娱康体活动。

28个基层坊会中，多数基层坊会的成立时间早于街坊总会，有些基层坊会如青洲坊众互助会、台山坊众互助会更是早在20世纪50年代就成立的，基本上都是基于各个基层社区坊众互相帮助、互相扶持的需要而设立。回归以来，基层坊会不断推出各种社会服务，服务街坊，敦睦邻里，济贫扶弱，排难解困，举办文娱、康体、旅游等活动，不但凝聚了会员和街坊，也活跃了该区居民的文娱生活，深受坊会会员和澳门居民的欢迎。基层坊会组织的各项活动，带动社区居民更积极参与社区公共事务管理的活动，关注社区内的治安、交通、防火等问题，培育了社区居民凝聚友会的团结互助乃至爱国爱澳精神。

总的来看，澳门街坊总会及其下属的各个基层坊会之间更多的是一种相互合作、相互支持和相互依赖的关系，各个地区坊会在资源运作、社会支持以及社会影响力等方面需要依赖于总会的支持，总会的影响力也需要各个坊会的支撑。[2]

---

① 分别是澳门路环石排湾居民互助会、凼仔社区发展促进会、下环社区中心、凼仔坊众联谊会、路环居民联谊会、新填海居民联谊会、筷子基坊众互助会、马黑佑居民联谊会、东北区坊众联谊会、青洲坊众互助会、台山坊众互助会、新口岸区坊众联谊会、炉石塘坊众互助会、十月初五街区坊众互助会、海傍。海边街区坊众互助会、新马路区坊众互助会、福隆区坊众互助会、南西湾街区坊众互助会、板营街区坊众互助会、下环区坊众互助会、望厦坊众互助会、草堆六街区坊众互助会、新桥区坊众互助会、提柯区坊众互助会、果栏六街区坊众互助会、沙梨头坊众互助会、水荷雀坊众互助会、三巴门坊众互助会。

② 李太斌：《上海阳光中心和澳门街坊总会的比较》，《上海青年管理干部学院学报》2006年第4期，第63页。

（3）社区服务中心

街坊总会有 30 多个服务中心和服务机构、50 多个大厦业主会联系会员和社区组织。其中，各服务中心和社区组织由街坊总会成立，它们不是独立法人，分别开展儿童及青少年服务、社区服务及长者服务，由街坊总会社会服务办公室来进行协调。

街坊总会依托各区的社区服务中心来提供社区综合服务。目前，澳门街坊总会的社区服务中心主要包括黑沙环社区服务中心、青洲社区中心、氹仔社区中心、望厦社区中心、佑汉社区中心以及石排湾家庭及社区综合服务中心等六个社区服务中心。这些社区服务中心的宗旨在于加强邻里关系，提高居民对社区的归属感，发挥居民互助精神，团结居民参与社区服务，提高居民对社区的归属感，推动居民发挥互助精神，改善社区生活环境。主要服务内容是为区内青少年、妇女、长者以及家庭提供综合性社区服务，比如向居民提供社区及周边生活信息，协助居民适应新社区生活，改善居民生活质量，听取居民意见，反映社区民生问题等。

此外，澳门街坊总会理事会还设立了社会事务、社会服务、北区工作、中区工作、离岛工作、公民教育、文康、体育、青年事务、妇女事务、大厦工作、社区经济事务及财务等 13 个工作委员会。这些工作委员会的委员一般都是由职工或受邀请的社会人士兼任，开展不同类型的活动。

2. 街坊总会的运行机制

基层坊会相当于总会的直属部门，是街坊总会的各项职能能够顺利执行的最重要保证。基层坊会都是一个独立法人，由北区办事处、中区办事处和离岛区办事处来进行协调。澳门街坊总会是基层街坊会的领导组织，总会的领导架构由地区坊会代表经由街总全体会员大会选举产生，它担负着管理和支持基层社区组织发展和运作的责任。街坊总会与各基层坊会的关系是目标一致、求同存异、资源共享。双方在互相理解、互相体谅的基础上，进行优势互补，共同寻求社会资源，为所在的社区居民提供优质服务。①

街坊总会通过灵活、多样的行政管理、资金运作和项目合作模式，分别与其下属各分会进行联系、分工与合作，达到组织内的团结和发展。街坊总会以及属下各基层访会的根本目标是一致的，以保障社区居民的利益为合作的基本前提。在保障社区居民的利益这一共同的目标指引下，街坊总会与下属各坊会之间有了沟通和合作的坚实基础。

街坊总会理事会主要负责处理总会的日常事务，协调总会与各基层坊会之间的关系。理事会的成员是由各基层坊会推举的代表组建而成，一旦总会和基层坊会之间出现意见分歧，理事会成员就需要承担说服和沟通各坊会的工作，最大限度地争取基层坊会对总会工作的理解和支持。此外，澳门街坊总会的主要负责人还可兼任各个分会的名誉会长，列席各分会的重大决策会议，以参与讨论的形式协调总会与基层坊会之间可能出现的矛盾。

一般来说，澳门特区政府给街坊总会的拨款是以项目拨款的方式，而且必须专款专用。澳门特区政府一般不接受各个基层街坊坊会个别的项目申请。因此，各基层坊会的活动经费主要是通过街坊总会将各种具体活动项目汇总，统一申报，由政府统一审批，统一划拨费用。

街坊总会和各基层坊会日常行政工作的开支，主要来自街坊总会和各基层坊会向社会各界的自筹资金。街坊总会和各基层坊

---

① 陈元元：《澳门街坊会联合总会组织构架探析》，《上海青年管理干部学院学报》2006年第4期，第61页。

会之间是互帮互助、团结一致的关系，澳门街坊总会能够在人力、资金、技术和管理经验等各个层次为各基层坊会提供支持和帮助。尤其对一些自身资源不足的分会来说，就需要更多地依靠街坊总会的支持。比如，各基层坊会行政秘书的月收入中有一部分就是由街坊总会来负责的。此外，街坊总会承担着对各基层坊会新录用社工进行集中、系统职业技能培训的责任，从而确保各基层坊会拥有一批实务工作经验丰富的专业服务人员。

（三）人员及资源状况

截至 2019 年 4 月，澳门街坊总会属下坊会和服务中心一共拥有会员超过 40000 人、义工超过 5900 人，专职工作人员由创会之初的 2 人发展到接近 900 人（包括学校的教职员工）。目前街坊总会理事会和监事会的成员超过 200 人，包括来自各区街坊会和社区组织、大厦业主会的领导成员。

街坊总会经费主要的来源有三个渠道：一是通过筹划社区活动，向政府相关部门申请活动经费；二是总会通过其影响力向企业或者慈善组织，以及社区居民募集资金；三是以收取会员费的形式，向各分会以及其他分支机构寻求支持。街坊总会对资金来源和使用情况有详细的年报，会通过街坊总会的网站进行公布，方便公众监督。

8.2　澳门街坊总会的多元服务

社会服务是街坊总会的立会之本。近年来，街坊总会坚持创新，不断改进服务理念，提升服务水平，致力用更好更优的服务发挥团结坊众的作用。30 多年来，在社会各界和广大街坊的大力支持下，街总的社会服务工作取得很大发展。截至 2019 年 4 月，澳门街坊总会以及属下坊会积极开展社区和大厦、家庭、长者、青少年、幼儿、医疗和基础教育等多元化服务，开办了2所学校、3间托儿所、30多个不同类型的服务中心、3间诊疗所等，包括颐康中心、青年中心、妇幼中心、望厦老人中心、海傍老人中心、北区临屋中心、青洲社区中心、澳门坊众学校、老人服务中心等，形成了一个涵盖全澳、颇具规模的社会服务网络。

目前，街坊总会可提供的社会服务包括街坊车接送、平安通紧急呼援、日间护理、基础教育、托儿、大厦管理咨询、物理治疗、职业治疗、驻校辅导、心理咨询、外展服务、公民教育、各类培训、就业辅导、中医保健和牙科等数十个服务项目，服务对象覆盖社会各阶层和各年龄层。近年来，社区服务中心不断寻求社会服务的创新化和多元化，取得了一定的成效。例如，黑沙环社区服务中心在推动亲子活动方面，为家长及儿童提供平台，提升亲子关系。中心还针对居民因生活带来的压力，开办各类治疗压力工作坊。建立社区互助关怀网络，探访并发掘单亲、贫困及独居长者、家庭问题等个案，及时提供协助。氹仔社区中心社区服务中心经常举办各类型文娱、康乐、体育活动和各项兴趣班，丰富居民余暇生活，推动公民教育；青洲社区中心为学生提供功课辅导、教育及训练活动、文娱康乐活动、转介、咨询服务及小组活动等服务；望厦社区中心开展家庭小组活动，组织了妇女才艺小组、“火凤凰”单亲家庭小组以及进行独居老人自理培训工作，并且加强关注社区居民贫困、患病、伤残、老弱无依的求助个案。

总体来看，街坊总会的社会服务主要分为三大内容板块，分别是社区服务、长者服务、儿童及青少年服务。经过三十多年的努力耕耘，澳门街坊总会的社会服务不断获得广大澳门市民的认可和肯定。2018年，街坊总会的服务突破300多万人次，跟进处理的个案超过8000多宗。

（一）社区服务

社区服务包括平安通服务、家庭服务及大厦管理服务、文化康娱服务和心理辅导服务。

1. 平安通服务

澳门“平安通服务”是为独居长者、长期病患等有需要人士提供一键式按钟求助。这是街坊总会以政府投标方式承办的社会服务，也是街坊总会和政府合作提供社会服务的第二种主要方式，即“政府主办，街坊总会承办”。一般来讲，澳门政府每年都会出台一系列针对澳门居民的社区服务项目，这些项目可由澳门各个民间组织以投标的方式来承办。街坊总会申报项目，政府提供资助。街坊总会通过竞标承办政府的服务项目，凭借政府的支持，运用社会工作专业的方法和理念，由社区工作者和志愿者一起，完成为社区居民提供服务的目标。

“平安通服务”于 2009 年 3 月正式投入运作，为独居长者、年迈夫妇以及其他有需要人士提供包括 24 小时紧急支持服务以及“汇应聆”长者热线，召唤救护车、致电警方、通知紧急联络人、情绪支持、定时问安、提供社区信息、转介服务、定期探访等服务。2012 年 8 月，“平安通”呼援服务中心又增加了“居家易”计划，为有需要长者提供家居安全评估，资助购买或安装家居辅助设施，让长者有个更加安全的居所。随着澳门经济社会的发展，“平安通服务”的用户结构向多元化发展，除了长者家庭，越来越多双职家庭、轮班工作人士，选择使用“平安通服务”。

目前，“平安通服务”不断受到社会热心人士及社会企业的关注，服务义工队伍也越来越壮大。“平安通服务”每月收费 100 元，如果生活确实困难者，街坊总会还通过与澳门基金会合作成立“平安通慈善基金”资助困难用户使用平安通服务，资助对象主要是领取社保养老金的人士、不获批予社工局特援金人士、居住于社会房屋人士及其他有经济困难但有需要使用“平安通”的人士。另外，“平安通慈善基金”通过成立管委会监察基金运作的方式，督导评审“平安通慈善基金”的工作。

2. 家庭服务及大厦管理服务

街坊总会提供的家庭服务主要由家庭服务中心和乐骏中心。家庭服务中心的目的和宗旨是为了促进家庭的共融，缔结关怀和谐的社区。以家庭服务为核心，强化家庭成员以家为本的价值观，通过活动形式推广道德伦理，提升居民道德水平和个人修养，传承中华民族优秀文化。家庭服务中心寻求新的发展路向，开设多元化家庭生活教育，以增进家庭和谐，达致中心主要工作目标。服务的对象包括区内居民、贫困人士、单亲家庭、独居老人以及青少年。家庭服务中心通过举办亲子活动、讲座、工作坊、健康咨询、个人或家庭辅导、家长持续学习小组、暂托服务等形式，提供家庭综合服务。为丰富会员们的业余生活，更增设了不同类型的亲子活动、家庭小组及兴趣班。

街坊总会的大厦管理服务主要由大厦管理资源中心提供。大厦管理资源中心主要从信息、服务和意见三方面为有需要的大厦业主、住客和管理实体免费提供相关的协助和支持，提供大厦管理调解服务，促进大厦有效管理，提高管理服务素质。在服务中，大厦管理资源中心鼓励和推动大厦有效管理，就一般大厦管理问题提供意见，并和相关政府部门、专业团体紧密合作，以咨询方式免费提供大厦管理专业意见。

3. 文化康娱服务和心理辅导服务

街坊总会专门提供文化康娱服务的主要载体是栢蕙活动中心，其服务宗旨是为本澳居民尤其是青年、文化艺术团体提供一个非营利的文化、艺术、康乐、体育活动的场所，推广大众体育及文化活动，开拓社区文化艺术发展的新领域，丰富居民的业余

文化生活。

此外，为了加强社区直接心理辅导服务及向市民推广心理健康教育，街坊总会还与澳门特别行政区卫生局合作，成立社区心理辅导队，提供心理辅导服务。社区心理辅导队的成员都需要接受山顶医院精神科的培训，目标是完善扩大服务网络，以全面性服务亚健康族群，提高本澳居民心理素质，加强面对逆境的能力以及减少精神病发病概率。社区心理辅导队所提供的心理辅导服务，代表了街坊总会与政府合作提供社会服务的第三种模式，即“街坊总会申报项目，政府提供资助”。一般来说，活动项目由街坊总会以及各个基层坊会自己设计，获得政府批准后，相关政府部门会依据一定的标准，为总会提供相应的经费、人力以及技术管理等各方面的支持，保证活动的顺利开展。

（二）长者服务

街坊总会的长者服务主要包括独居长者服务、社区老人中心以及长者日间护理中心。

1. 独居长者服务

街坊总会的独居长者服务主要由“长者关怀服务网络”承担，目的是建立独居长者和义工的联系网络，通过组织义工定期探望，由义工了解和协助他们解决生活的需要，减低独居长者的孤寂感，并建立生活的自信、自立、自强，丰富晚年人生。鼓励义工们坚持自助，为社会增添关爱，建立关怀互助的社区。独居长者服务的主要内容包括定期探访、终生规划服务、家居照顾、免费中医诊症服务、文娱活动、节日关怀活动、每月寿星、个别照顾、送汤服务、家居量血压服务、个案辅导等。

2. 社区老人中心

街坊总会的社区老人中心主要包括海傍区老人中心、颐康中心、颐骏中心、青颐长者综合服务中心等，其使命在于组织长者与社会紧密接触，建立良好的人际关系，培养兴趣，发挥潜能，充实晚年。例如，颐康中心为使退休后的长者老有所为，成立了长者社区关注小组，透过组员及小组的活动，关注区内的社会事务、环境问题等，发现问题及时向有关部门反映，使问题能得以尽快解决；颐骏中心的社会服务理念是务求使长者“老有所乐”，在敬老、爱老、护老，让长者在得到服务的同时，亦能在熟悉的社区与家人愉快生活。颐骏中心专业团队包括社工、护士、物理治疗师、职业治疗师及各范畴的导师等。

海傍区老人中心以“社区照顾”的理念，提供一系列方便使用及优质的社区支持服务，改善长者生活，共同推动社会大众建立一个充满关怀的社区。近年来，海傍区老人中心开展各项服务，如家居照顾及支持服务，开办不同类型的兴趣班组，并向有需要的长者提供长者精神健康服务。中心为长者安排各项的日常活动及开办不同类型的兴趣班组，务求让长者多学习多尝试，发掘自己的潜能及兴趣，进一步丰富长者的日常生活、活跃身心。同时，中心还举办一些具预防作用的小组，由心理辅导员就长者的情绪问题提供心理辅导，让长者解开心结并积极面对人生。

青颐长者综合服务中心的愿景是希望透过专业人员的优质服务，提供一个有尊严、自主、安全、安心、舒适的生活环境，让长者对居所有归属感和认同感，安享充实及快乐的晚年生活。借着推动“关爱共融文化”，青颐长者综合服务中心坚持关爱、尽心、尽责的专业团队合作精神，力求为长者提供全面、多元、适当、优质的服务，发展睦邻友好关系，共同营造一个充满“关爱”的居住环境。

3. 长者日间护理服务

长者日间护理服务主要由“绿杨长者日间护理中心”和“颐骏长者日间中心”承担。绿杨长者日间护理中心提供多元化的长

者日间护理服务，让长者在得到适当护理服务的同时，继续留在熟悉的社区中，与家人或亲友共聚，保持身心健康。绿杨长者日间护理中心的五大服务是日间护理服务、健康教育服务、护老者支持服务、长者精神健康服务及家居照顾及支持服务。

颐骏长者日间中心的服务对象需要通过社工局统一评估、中央轮候机制转介到这里。颐骏长者日间中心有社工、护士、物理治疗师、职业治疗师、护理员、厨师、司机及行政人员等组成的专业团队，为有需要的长者提供膳食服务、复康活动、护理服务、小组活动、个案工作及复康巴士接送等服务。

（三）儿童与青少年服务

街坊总会为贴近本澳各年龄、阶层市民的需要，致力提供多元的服务，青少年发展是社会多元服务中的重要一环。为让青少年多元发展，成为澳门未来的栋梁，街坊总会主要提供教育服务及青年服务等。

1. 教育服务

首先是公民教育。街坊总会成立了公民教育中心，提供公民教育服务，期望系统、有序、多元化、持续地培养青少年独立、懂得尊重、具抗逆性和正面思维等特质，让青少年成为真正的未来社会栋梁。公民教育中心把经验学习作为核心教育模式，培养青少年广阔的世界观，塑造有理想、有创造力、独立和具素质的公民。

其次是幼儿教育。街坊总会有孟智豪夫人托儿所、湖畔托儿所、小海燕托儿所三家托儿所。托儿所的共同宗旨都是透过多元化的活动来发展幼儿的独立性，关心幼儿的学习及成长发展的需要，以培养幼儿身心健康发展的宗旨，配合幼儿身心发展的原则，提供多元智能的培育活动，使幼儿在愉快的环境中得到德、智、体、群、美全面发展，使其身心健康活泼地成长，并为未来发展打下良好基础。

最后是中小学教育。澳门坊众学校是幼儿园、小学、中学一条龙教育体系的学校。学校非常重视学校教育与家庭教育及社会教育的配合，注重带领学生走出校门，参与学术、文体、社会公益及服务等活动，增长学生课外知识，同时加深学生对社会的认识，帮助学生树立正确的人生观。

2. 青年服务

街坊总会的青年服务提供机构有“草六青年中心”“社区青年服务队”“青少年综合服务中心”“艺骏中心”“迎聚点青年中心”等。草六青年中心以“积极开展青年工作及活动，加强青年间的交流”为宗旨，对在学与社会青年提供各种有益身心及有助国家、社会发展的服务，促进本澳青年的身心发展，以培训、推动青年身心发展为目标，提升青年文化水平、自我增值，从而确立正确、积极的人生观。社区青年服务队的服务对象是澳门中区和南区身处不利环境的青少年，通过个人、家庭辅导、小组和社区活动等方式从不同的介入点去协助服务对象，并培养青少年正确的人生观和价值观。

青少年综合服务中心根据青少年的需要开展活动，运用社区工作手法，将服务全面整合成驻校服务、非驻校服务及中心服务三大服务，为青少年提供一个全面发展的平台。目前，青少年综合服务中心有青年参与社会服务奖励计划、热爱生命工程、正能量启导计划三大品牌活动。

艺骏中心主要通过举办艺术、文化及体育等专业培训、展览、比赛、活动及大型汇演，鼓励青少年积极参与，充分发挥内在潜能，展现青年人青春活力的风采。从文化艺术、音乐创作、体育发展、休闲娱乐等方面开展工作，促进青少年的全面发展。从品德、自信、人际及才能等多方面构建青少年正确的价值观、

社会观及世界观，为青少年提供发展兴趣、展现所长的平台，发掘他们的潜能，增强自信心。

迎聚点青年中心遵循“传承创新、品味生活、信息交流、休闲学习”的服务方向，为青年提供休闲、聚会、交流及学习的场所和服务，推动青年工作再上台阶。中心主要提供青年生活交流体验计划、品味生活系列课程、青年零空间计划等方面服务。

8.3　政府与街坊总会的双赢合作

澳门回归祖国以来，澳门的社会服务采用政府资助、民间机构承办的合作模式，澳门绝大多数的社会服务由民间机构提供。当中，街坊总会一直在尝试用多种形式与澳门政府各职能部门进行广泛合作，采取了三种主要的合作方式。一是政府主办，街坊总会参与管理。即对于一些政府主办，但运作情况不佳的社区服务中心，街坊总会提出合作意向和改善服务中心管理模式的方案，通过和政府谈判、协商，使得街坊总会的工作人员参与到服务中心的管理工作中。二是政府主办，街坊总会承办。街坊总会通过竞标承办政府的服务项目，凭借政府的支持，运用社会工作专业的方法和理念，由社区工作者和志愿者一起，完成为社区居民提供服务的目标。三是街坊总会申报项目，政府提供资助。这些项目一般是由街坊总会以及各个分会自己设计的活动项目，获得政府批准后，相关行政部门会依据一定的标准，为总会提供相应的经费、人力以及技术管理等各方面的支持，保证活动的顺利开展。[①] 经过 30 多年的探索和创新，澳门街坊总会和政府之间形

① 参考陈元元《澳门街坊会联合总会组织构架探析》，《上海青年管理干部学院学报》2006 年第 4 期，第 61 页。

成了社会服务的双赢合作模式，街坊总会和政府相关部门以项目化运作的模式，在提供多元化社会服务的同时，实现了政府和民间组织相互获益的合作。

政府与街坊总会的双赢合作模式，反映了澳门特区政府和社团合作提供社会服务的格局特点。这种模式的形成，内嵌于澳门社会特有的历史文化和政治体制。当中，澳门社会特有的助人自助的互助精神是社会服务多元双赢模式的内在驱使力；澳门社团监督政府、表达民意、社会服务三位一体的角色定位，则是政府与社会团体双赢合作模式的制度保障。

第一，助人自助的互助精神是政府社团双赢合作模式的内在驱使力。邻里互助、服务社群的理念是街坊总会的基本宗旨，也是街坊总会最根本的文化优势，是特有历史背景下所形成的精神和观念。“澳门街坊总会是特殊历史时期和特定社会背景下产生的必然产物。其民族性、血缘性、精神性强化并催生了生活在共同区域内的坊众联合在一起的组织自觉。”① 正是基于互助的核心理念的街坊互助会，街坊邻居之间基于促进相互交流、交往、了解的需要而自愿成立了街坊总会和基层坊会二位一体的独特自治组织，有利于促进基层社区治理，可以为中国内地基层社会管理创新提供有益启示。当中，邻里之间守望相助精神、关爱彼此、热爱家园、共同建设美好社区的精神尤为宝贵，澳门街坊总会正是在借助居民互助精神的基础上，发动市民积极参与到社会服务供给的队伍中来，通过多个服务中心和多种服务安排的创新和结合，无缝隙、多元化地提供各种令市民满意的社会服务。

第二，澳门社团监督政府、民意表达、社会服务三位一体的

① 王爱平：《关于澳门街坊会联合总会的分析与思考》，《中国民政》2015 年第 5 期，第 18 页。

角色定位，是政府社团双赢合作模式的制度保障。在街坊总会所形成的政府社团双赢合作模式中，街坊总会与澳门特区政府各职能部门达成了相互依赖、共同发展的格局。通过长期的工作实践，街坊总会逐步确立了通过与政府广泛的联系与合作，实现社团持续发展目标的战略。与此同时，特区政府也冀望加强政府与民间服务机构的合作来弥补政府自身的不足，满足市民多元化的社会服务需求。由于政府和社团有着优势互补的合作意愿，回归以来政府和社团达成了良好的合作伙伴关系。归根结底，政府社团的合作伙伴关系，源于澳门社团监督政府、表达民意、社会服务三位一体的角色定位和制度安排。

以街坊总会为例，街坊总会首先有监督政府的角色功能。街坊总会从 1988 年开始就派出代表参与澳门立法会选举，通过进入立法会担任议员的方式来监督政府施政，对政府产生了强有力的制约作用，在政府面前，街坊总会并不是附属存在而是有着相对的对等性和独立性。二是街坊总会有表达民意的角色功能。街坊总会不断帮助市民向政府表达相关的利益诉求，同时也帮助政府收集民意和分析民意，从而形成政府与市民的沟通桥梁作用，对政府施政发挥了良好的帮手和助手的作用，也帮助居民解决了很多单独依靠自身所解决不了的问题。三是街坊总会有提供社会服务的角色功能。多年来，街坊总会认真听取一般市民和社会各界对社会服务工作的意见和建议，不断提高服务水平，关心民生，听取民意，为澳门市民提供多元化、专业化服务。

应该讲，澳门街坊总会之所以能有效发挥社会服务的良好角色，归根结底取决于其形成了服务社会、监督政府与表达民意的三位一体的社团角色。这恐怕也是澳门街坊总会“社会服务双赢合作模式”背后最值得外界研究和学习的所在。正是在三位一体的社团角色定位下，澳门街坊总会在合作中始终维持独立性和自主性。一方面，街坊总会在运作经费方面并非完全依赖政府的拨给，除去政府提供的费用之外，街坊总会在运作中所需要的经费有相当一部分来自社会的募捐和支持。另一方面，澳门特区政府机构较少介入和干预澳门街坊总会社会服务供给的具体运作之中，确保街坊总会自主运作。

澳门政府与社团的基本关系定位是法团主义，即政府和社团关系的基本定位是合作关系，多数情况下社团是作为政府的助手和伙伴来参与社会治理的活动。一方面，社团帮助政府收集和听取民意，使得政府更容易听到民意，并将民意融入公共政策中，让政策更贴近民意。社团代表社会各个阶层向政府表达和反映居民的各项诉求，澳门居民通过社团表达自身要求，实现与政府之间的双向沟通，社团组织成为澳门居民与政府之间进行沟通联系的中介。另一方面，社团发挥自身的资源优势和专业优势，弥补政府管理和政府供给公共服务的内在不足，帮助政府执行政策和提供社会公共服务。社团成为特区政府施政的合作伙伴，提供包括教育、卫生、公益、慈善、艺术文化、体育竞技、青年妇女等各项社会服务，形成了特有的政府和社团和谐相处的澳门社团文化。澳门社会服务供给的鲜明特色是社团和政府形成了良好的和谐合作关系，社团在澳门的社会服务供给中发挥了举足轻重的作用。在政府和社团的合作体制中，澳门街坊总会致力拓展多元化、优质化、跨阶层的社区服务和社会服务，在社会服务供给中发挥了重要的支撑平台和载体作用，维持了独立性和自主性，形成了与澳门特区政府互利双赢的合作模式。

随着澳门经济社会的快速发展，澳门居民对社会服务专业化、多元化与个性化服务的需求日益上升。源于澳门人力资源数量不足和质量不高的限制，澳门街坊总会面临着进一步提升社会服务专业化水平的严峻挑战。因此，提高社会服务的专业化水平

是未来澳门街坊总会能力建设的重要内容。只有通过提升专业服务水平吸引专业人士加入，提升社会服务的品质，从而以专业化服务水平增强对其会员的吸引力，加强社团在居民中的公信力和影响力，才能进一步强化澳门多元服务和双赢合作的社会服务模式。

第9章　结论

回归祖国以来，澳门经济社会迅猛发展，但公共行政及政府管治能力相对滞后。为此，澳门特区政府高度重视公共行政改革及政府管治能力的提升，并致力于优化和社团的合作伙伴关系，鼓励公众参与，实现社会善治。综合澳门特区政府在政府改革和社团治理实践中的种种努力，可以归结为四个方面：一是致力于提升特区政府政策制定的科学化和民主化程度；二是理顺政府部门间的职能关系，防止部门职能交叉；三是试图从控制导向型转向结果导向型的管理模式，实现绩效治理型的政府；四是让政府和社团的紧密合作关系更为通畅和合理，让社团更好地充当政府的帮手和助手。这四个层面的改革需要同步进行、紧密结合、互相促进，才能完成公共治理的治道变革，最终提升政府的管治能力。

首先，实现政策制定的科学化和民主化是提升政府管治能力的基础。从理论上讲，政策制定如果没有完成科学论证和利益整合的使命，那么在政策执行中就会出现违背事物发展规律、脱离现实的弊端，或者会导致各方利益争执不休，从而使政策执行过程陷入利益各方之间的讨价还价中。因此，政策制定本身科学化和民主化程度必然影响政策执行的过程，进而会影响政府执行力和管治能力的提高。

在政策科学的发展轨迹中可以看到，“执行与决策两分”的划界被实践证明是行不通的，在公共政策的实践中，政策制定和政策执行互相影响，不可分离。其实，政策执行过程中也需要政策制定得科学合理，也需要相关的执行部门根据具体的情境作决定。因此，政策执行部门在执行既定的法律和政策的时候也要讲求科学决策。就此来讲，科学决策不仅是特区政府要实现的使命，也是各级政府部门要完成的任务。因为，任何既定的法律和政策都是静态的，行动中的公共行政在面临复杂而多变的社会要求的时候，就往往赋予了执行机构一定的自由裁量权。这样，任何执行部门都需要借助相关的专家论证、集体讨论、听取民意之后决定，以更好地完成政策执行。

2009年以来，特区政府充分意识到在政策制定科学化方面的欠缺，因应提出“科学决策”并将之作为特区政府长期坚持的核心施政理念，让政府政策制定有足够的专家咨询、社团咨询以及公众咨询的参考。当中，公众咨询的展开和规范，可谓是澳门政策制定科学化和民主化最为亮眼的表现。众多的咨询委员会以及日臻成熟的公众咨询制度，为澳门特区政府接纳社会的广泛意见提供了多渠道的制度途径，也为澳门咨询民主及协商民主的发展奠定了良好的基础。可以说，回归二十年来，澳门在发展公众咨询方面的努力和成就是有目共睹的，尽管目前澳门特区政府的公众咨询制度仍然存在着需要改进的空间，但其所举得的进步更应该值得肯定。

其次，政府部门之间的职能配置不清、职能交叉、部门利益等问题，会引发“权、职、能”不一致的问题。由于部门利益的存在，“部门主义”在任何国家和地区或多或少都是存在的。在很多国家和地区，居民接触的并不是一个铁板一块的政府，而是部门化的、分割化的政府。

回归以来，虽然澳门特区政府比较重视跨部门合作的问题，成立了一些跨部门工作小组，但“分割化的政府”“部门化的政府”的现象在一定程度上依然存在。澳门特区政府内部充斥着各种性质的政府部门，从一般部门到各种自治机构、项目组，林林总总，十分复杂。这些机构的属性界定有历史、现实各种原因，而且有着明确的法律依据。某种程度上看，这种属性界分也有利于政府控制成本和规模。然而，这种过于精细的机构属性界定，却极有可能使各个部门之间由于机构属性的不同而自然而然形成隔膜。加上由于各个部门的人员编制和合同差异较大，不同机构人员之间权利的不对等，就容易造成不同属性部门之间相互攀比的情况。

跨部门工作小组是特区政府针对一些需要几个部门共同完成的任务而提出来的一个对策，协调各个政府部门之间的行动。然而，由于跨部门工作小组没有实质性的协调权力，对各个部门不构成约束力，跨部门工作小组推动部门合作的成效是有待商榷的。在跨部门合作的问题上，西方国家在建构“整体政府”和“协同政府”的时候，比较通行的做法是设立一个有实质性权力的部门来协调，另外就是强调要加强沟通，培育信任。就目前澳门公共行政来讲，跨部门工作小组的确可以加强和促进部门间的沟通，但长期来讲需要着力培育各个部门之间的互相了解和信任，在这个过程中，建立一套各部门人员之间公平合理的治理体系，减少或消除部门主义，就显得格外关键。

再次，特区政府的管治体制是一种较为典型的官僚制和科层制，信奉“过程导向”和“控制导向”，下级部门事无巨细都要向上级部门和主管层层上报，上级部门管得太多、太死，制约了下级部门的积极性和能动性。执行部门被管得太死，没有足够的权力和积极性来更好地完成政策执行。

众所周知，摒弃官僚制是20世纪席卷全球的行政改革运动的矛头所向，各国政府纷纷对官僚制“高度集权”“按章办事”的僵化体系进行批判和改良，引入“分权化”的设想，提倡“结果导向”，释放执行部门的能量，使得下级能够迅速响应社会的需求而不需要层层上报。

回归以来，在各种法律法规等充斥的理性铁笼下，特区政府办事缓慢，效率低下。就此，有评论指出，由于对原来葡萄牙官僚体制的继承，澳门政府行政效率相比内地、香港、台湾较低。批评者也指出，回归以来行政改革效果还不太明显，特区政府的行政改革尚没有从根本上触动原来的官僚制，这使得行政改革很难有根本性的突破。

在全球化的时代下，澳门如果继续坚守官僚制的传统治理体系，与澳门的国际城市、世界城市的定位似乎是不相称的。因此，特区政府可以考虑借鉴国际公共行政改革的通行做法，转换思路，突破原有的法律规定，引入“分权化”的理念，至少把一些事务性的、例行性的事务从上到下分权、放权，释放基层的能量。与此同时，逐步废除一些不必要的、过时的行政程序，实现灵活型的政府，提高行政效率和执行效率。

最后，政府很多施政问题最终要社会团体帮助政府解决，政府与社会团体、第三部门之间的关系也直接影响到公共治理的成效及政府管治能力的高低。从国际视野看，政府的执行力的提升很大程度上寄望于政府和民间社团之间形成平等互动的合作关系，民间社团依据自身的优势资源，帮助政府执行政策，实现政府的施政目标。这种合作关系是基于政府和民间社团之间由于资源禀赋等的不同而形成的，其本质是一种各尽所能、各司其职的相互依赖关系，它要求政府和民间社团各自从自身的优势出发，确定合理的分工，共同履行好对社会公共事务的管理。

从政府政策执行的角度看，我们要关注的是政府与社团亲密的关系能否有助于提升政府执行力的问题。从澳门当前的实际情况看，一方面，政府和社团的亲密关系对提升政策执行能力有支持作用，使政府的政策有民间的扎实支持。另一方面，目前澳门社团在“优势互补、各司其职”方面仍然存在较大的完善空间。很多社团在专业能力等方面无法给政府更多的支持，无法和政府形成强有力的互补关系。由此，未来特区政府在优化政府与社团的伙伴关系方面，除了要巩固政府与社团的亲密关系外，更要凸显社团在政策执行中的地位和作用，形成从政府到社团顺畅的执行网络，重视培育社团的公共服务供给能力，使社团成为政府施政更好的合作伙伴。

参考文献

专著

澳门发展策略研究中心：《澳门社团现状与前瞻》，2000。

卜正珉：《公共关系——政府公共议题决策管理》，扬智文化事业股份有限公司，2003。

程惕洁主编《澳门人力资源调查》，社会科学文献出版社，2009。

黄光国：《中国人的权力游戏》，巨流图书公司，1988。

江明修主编《第三部门与政府：跨部门治理》，智胜文化，2008。

康晓光：《创造希望——中国青少年基金会研究》，漓江出版社、广西师范大学出版社，1997。

李景鹏：《政府的自我革命——中国政府机构改革研究（序言）》，中国法制出版社，2004。

林尚立：《国内政府间关系》，浙江人民出版社，1998。

林语堂：《吾国与吾民》，凤凰出版传媒集团、江苏文艺出版社，2010。

娄胜华：《多元社会中法团主义体制解析》，广东人民出版社，2004。

娄胜华、潘冠瑾、林媛：《新秩序——澳门社会治理研究》，社会科学文献出版社，2009。

潘冠瑾：《澳门社团体制变迁：自治、代表与参政》，社会科学文献出版社，2010。

威尔逊：《利益集团》，王铁生译，台湾五南图书有限公司出版，1993。

吴琼恩、李允杰、陈铭熏：《公共管理》，空中大学，2000。

余振、刘伯、吴德荣：《澳门华人政治文化》，澳门基金会出版。

〔美〕约翰·克莱顿·托马斯：《公共决策中的公民参与：公共管理者的新技能与新策略》，孙柏瑛等译，中国人民大学出版社，2005。

〔美〕詹姆斯·W. 费斯勒、唐纳德·F. 凯特尔：《行政过程中的政治——公共行政学新论（第二版）》，陈振明等译，中国人民大学出版社，2002。

张成福、党秀云：《公共管理学》，中国人民大学出版社，2001。

Christopher, Ham Michael Hill, *The Policy Process in the Modern Capitalist State*, Harvester Press, 1984.

Thomas P. Holland and Roger A. Ritvo, *Nonprofit Organizations: Principles and Practices*, Columbia University Press, 2008.

论文

包国宪、张志栋：《我国第三方政府绩效评价组织的自律实现问题探析》，《中国行政管理》2008 年第 1 期，第 49 ~ 51 页。

蔡立辉：《基于电子政务应用的行政流程再造：问题与对策》，《天津行政学院学报》2007 年第 8 期，第 28 ~ 36 页。

蔡立辉：《论当代西方政府公共管理及其方法》，《中山大学学报》（社会科学版）2003 年第 2 期，第 26 ~ 32 页。

陈庆云：《公共政策的理论界定》，《中国行政管理》1995 年第 11 期，第 26 ~ 29 页。

陈庆云：《强化公共管理理念推进公共管理的社会化》，《中国行政管理》2001 年第 12 期，第 20 ~ 21 页。

陈天祥：《政府机构改革的价值逻辑——兼论大部制机构改革》，《中山大学学报》（社会科学版）2012 年第 2 期，第 148 ~ 155 页。

陈天祥、宁静：《社会建设绩效测量：一项公民满意度调查》，《中山大学学报》（社会科学版）2010年第2期，第171~181页。

陈曦：《跨部门合作机制对我国的启示》，《学术探索》2015年第4期，第23~28页。

陈元元：《澳门街坊会联合总会组织构架探析》，《上海青年管理干部学院学报》2006年第4期，第59~61页。

陈振明、耿旭：《公共服务质量管理的本土经验——漳州行政服务标准化的创新实践评析》，《中国行政管理》2014年第3期，第15~20页。

樊博：《跨部门政府信息资源共享的推进体制、机制和方法》，《上海交通大学学报》（哲学社会科学版）2008年第2期，第13~20页。

范明林、程金：《政府主导下的非政府组织运作研究——一项基于法团主义视角的解释和分析》，《上海大学学报》（社会科学版）2006年第7期，第73~77页。

韩万渠：《公共服务质量评价机制及其路径创新》，《中国特色社会主义研究》2015年第5期，54~59页。

景跃进：《比较视野中的多元主义、精英主义和法团主义——一种在分歧中寻找逻辑结构的尝试》，《江苏行政学院学报》2003年第4期，第81~87页。

李传军：《电子公共服务：电子政府发展的方向》，《行政管理改革》2010年第3期，第60~63页。

李亚、李习彬：《行政体制改革与阿什比定律——关于我国政府管理模式变迁的控制论解释》，《北京行政学院学报》2006年第5期，第36~42页。

李燕萍：《对澳门社团监督问题的思考》，《当代港澳研究》2014年第2期，第17~25页。

李忠惠：《多元主义视野中利益集团的政治功能分析》，《江西广播电视大学学报》2005 年第 1 期，第 6～9 页。

梁炳权：《澳门公民社会的缺失》，《澳门日报》2008 年 7 月 7 日，第 E07 版。

梁建东：《公共人力资源绩效评估的核心冲突》，《云南行政学院学报》2003 年第 2 期，第 94～97 页。

林康：《借鉴新加坡经验提升电子政府建设水平》，《信息技术与信息化》2012 年第 3 期，第 11～13 页。

林伟：《澳门社团的整合与培育研究》，《广西社会主义学院学报》2013 年第 10 期，第 25～29 页。

娄胜华：《庇护主义、利益政治与澳门社团文化嬗变》，载于澳门社会学学会、澳门大学社会学系主办“两岸四地政治文化与公民社会国际研讨会”论文集，2009 年，第 245 页。

娄胜华：《合作主义与澳门公民社会的发展》，《学术研究》2009 年第 12 期，第 54～58 页。

娄胜华：《实践导向与问题切入：澳门公共行政研究检视》，载娄胜华《澳门人文社会科学研究文选·行政卷》，社会科学文献出版社，2009 年版，第 80～93 页。

娄胜华：《挑战与变革：澳门社团可持续发展分析》，《行政》2013 年第 2 期，第 245～263 页。

娄胜华：《挑战与变革：澳门社团可持续发展分析》，《行政》总第 100 期，2013 年第 2 期，第 245～263 页。

孟伟：《美国 NGO 组织发展的经验与借鉴》，《特区实践与理论》2009 年第 3 期，第 43～46 页。

倪星：《中国地方政府治理绩效评估研究的发展方向》，《政治学研究》2007 年第 4 期，第 92～97 页。

潘冠瑾：《1999 年后澳门社团发展的状况、问题与趋势前瞻》，《中共杭州市委党校学报》2013年第3期，第29～36页。

秦晓蕾、王强：《国家公务员绩效考核指标体系实证研究》，《南京社会科学》2006年第7期，第64～68页。

时影：《转型时期利益整合的困境与出路》，《学习与实践》2010年第8期，第86～91页。

孙柏瑛：《我国公民有序参与：语境、分歧与共识》，《中国人民大学学报》2009年1月，第65～71页。

孙迎春：《澳大利亚整体政府改革与跨部门协同机制》，《中国行政管理》2013年第11期，第94～98页。

孙迎春：《国外政府跨部门协同机制及其对中国的启示》，《行政管理改革》2013年10月，第13～17页。

孙迎春：《国外政府跨部门协同机制及其对中国的启示》，《行政管理改革》2013年第10期，第64～67页。

谭功荣：《欧洲服务宪章运动：背景、原则、战略及启示》，《国家行政学院学报》2004年第6期，第89～91页。

谭燕萍：《我国政府部门职能交叉中的利益博弈分析》，《学术论坛》2007年第10期，第57～61页。

汤臻茹：《中国NGO人力资源管理研究述评》，《中国人力资源开发》2015年第17期，第6～13页。

涂可国：《儒学、人情文化与人际关系的优化》，《东岳论坛》2011年第8期，第37～44页。

汪玉凯：《公共管理基础问题研究》，《中国行政管理》2001年第11期，第19～23页。

王爱平：《关于澳门街坊会联合总会的分析与思考》，《中国民政》2015年第5期，第17～18页。

王斗、余芳：《中国的关系文化》，《东西南北》2012年第14期，第10页。

王璟璇、杨道玲：《国际电子政务发展趋势及经验借鉴》，《电子政务》2015年第4期，第24～30页。

王乐夫：《论公共管理的社会性内涵及其他》，《政治学研究》2001年第3期，第78～84页。

王名：《现代社会组织体制的国际比较及中国的战略》，《中国机构改革与管理》2015年第4期，第28～29页。

王铭：《论政府行政业务流程重塑的实施途径》，《北京行政学院学报》2011年第4期，第34～38页。

吴志良：《从制度上理清、规范政府、市场和社会之间的关系》，《澳门月刊》2010年第6期，第4～5页。

萧鸣政：《非营利组织人力资源管理的几个发展方向——基于非营利组织特征的思考》，《中国人力资源开发》2007年第7期，第72～74页。

徐双敏：《政府绩效管理中的"第三方评估"模式及其完善》，《中国行政管理》2011年第1期，第28～32页。

徐双敏、翟玥：《国外地方政府委托评估模式比较研究》，《学习与实践》2012年第8期，第72～79页。

徐元善、楚德江：《绩效问责：行政问责的新发展》，《中国行政管理》2007年第11期。

许婷：《法团主义：政府与社会组织的关系模式选择》，《中共浙江省委党校学报》2006年第4期，第91～94页。

颜海娜：《澳门公务员绩效评估中的公民参与》，《行政》第24卷，总第91期，2011年，第41～58页。

杨国栋：《基于制度变迁的电子政务发展研究》，《学习论坛》2012第9期，第49～55页。

杨和焰：《公共管理视域中的第三部门：功能、优势及困境》，《公共管理学报》2004年第3期，第50～54页。

曾维和：《后公共管理时代的跨部门协同——评希克斯的整体政府理论》，《社会科学》2012年第5期，第36~47页。

张锐昕、董丽：《政府全面质量管理的缺陷及其纠正》，《社会科学战线》2013年第11期，第244~246页。

张锐昕、杨国栋：《电子政务与政府职能转变的逻辑关联》，《甘肃社会科学》2012年第2期，第220~223页。

张志斌：《从生存到卓越：新加坡的行政改革》，《公共行政评论》2009年第4期，第22~26页。

周志忍，《我国政府绩效评估需要思考的几个问题》，《行政管理改革》2011年第4期，第37~41页。

周志忍：《后奥运公共管理的三个发展趋势》，《新视野》2009年第1期，第43~44页。

周志忍：《社会服务承诺制需要理论思考》，《中国行政管理》1997年第1期，第12~15页。

朱旭峰：《服务型政府与政府机构改革：一个公共物品的集体供给理论》，《中国行政管理》2010年第3期，第113~117页。

竺干威：《大部制刍议》，《中国行政管理》2008年第3期，第26~28页。

庄金锋：《从澳门社团的独特性看"一国两制"的澳门模式》，《一国两制研究》2010年第6期，第117~124页。

Behn Robert D.，"Why Measure Performance? Different Purposes Require Different Measures"，*Public Administration Review*；Sep/Oct 2003；63，5.

Lars Carlsson，"Policy Network as Collevtive Action"，*Policy Studies*，Vol. 28，No. 3，2000，pp. 501 – 520.

Philipper C. Schmitter，"Still the Century of Corporatism?"，*Review of Politics*，Vol. 36，1974（1）.

后　记

作为学习和研究政府公共行政的从业者，能长期在澳门观察澳门特区政府改革和社团治理的发展现状和动向，是一件很令人欣慰的事情。这是因为，澳门地方小，人口不多，笔者可以较为近距离地观察政府行为和社团行为，从而有望使得有关研究更为接地气；然而，在澳门从事政府管理和公共管理的研究，也不是一件容易的事情。由于澳门地方小，研究澳门公共行政的人员不多，前期研究成果偏少，很多问题都具有澳门特色。因此，做澳门公共行政的研究，可谓是“痛并快乐着”，既享受仔细观察政府制度的快乐，也难免会陷入难以找到问题新线索的痛苦。

回归后，澳门的公共管理处于一种不断想摆脱殖民政府体制影响而有所创新的状态。这种状态集中体现在政府行政改革和社团治理变迁两个方面。政府施政能力不够高，是制约澳门特区发展的主要瓶颈。如何提升澳门特区政府的管治能力，是澳门社会和中央政府的共同关注点。同时，澳门作为社团社会，社团的社会服务能量被充分发挥和调动，是澳门社会的特色。把握澳门特区政府改革和社团治理的基本特性及架构，可以增强对澳门公共管理的全面了解。

应该讲，与回归后澳门经济社会的快速发展相比，澳门的公共管理的转变是滞后的。尽管政府推出了一系列的行政改革措施，社团也在新的历史时期实行了不少管理变革，但制度创新的内容偏少，受旧有传统的掣肘偏多，从而整体的公共管理转型过程显得较为缓慢。当然，我们不能因为政府行政缓慢而否认和抹杀政府在行政改革方面的努力，行政改革是一个牵涉面广、利益面大的复杂体系，需要长期的努力和持续的跟进，并非一朝一夕就能完成的。

澳门特区公共管理的转型过程为何缓慢，其未来应该如何进一步改善和提升？带着这样的疑问，笔者对澳门特区政府改革的基本策略、主要途径、发展朝向以及社团治理体制、社团组织文化、社团人力资源状况以及社团社会服务模式进行了讨论和分析。其中，关于精兵简政、科学决策、公众咨询、职能重整、绩效治理等问题，都是近年来澳门特区政府行政改革的热点和亮点，社团治理体制及社团社会服务模式也是大家观察澳门社团的重要视角。

书稿的完成要归功于许多老师和朋友。感谢陈庆云教授为本书写序。我跟随陈庆云老师来澳门工作，有幸的是在学校学生生涯结束之后，还能继续跟在老师身边学习。感谢澳门理工学院资助本书的出版，感谢社会科学文献出版社的宋浩敏老师为本书出版付出了极大的心血。感谢娄胜华教授分享有关社团调研的结果。感谢澳门理工学院社会经济与公共政策研究所的同人朱显龙教授、张锐昕教授、彭艳崇副教授、吕开颜副教授、蒋淑君女士，感谢这个和谐温暖的团队。

图书在版编目(CIP)数据

澳门特区政府改革与社团治理 / 鄞益奋著. -- 北京：社会科学文献出版社，2020.3

ISBN 978 -7 -5201 -4308 -0

Ⅰ.①澳… Ⅱ.①鄞… Ⅲ.①地方政府 - 体制改革 - 研究 - 澳门②社会团体 - 管理 - 研究 - 澳门 Ⅳ.①D676.59

中国版本图书馆 CIP 数据核字（2019）第 292580 号

澳门特区政府改革与社团治理

著　　者 / 鄞益奋

出 版 人 / 谢寿光
责任编辑 / 宋浩敏　袁宏明

出　　版 / 社会科学文献出版社 · 联合出版中心（010）59367150
地址：北京市北三环中路甲 29 号院华龙大厦　邮编：100029
网址：www. ssap. com. cn
发　　行 / 市场营销中心（010）59367081　59367083
印　　装 / 三河市尚艺印装有限公司

规　　格 / 开 本：787mm × 1092mm　1/16
印 张：14. 25　字 数：178 千字
版　　次 / 2020 年 3 月第 1 版　2020 年 3 月第 1 次印刷
书　　号 / ISBN 978 -7 -5201 -4308 -0
定　　价 / 98. 00 元